本书委员会

顾　问： 张文台　　刘顺达　　王礼恒　　高永中　　雷凡培

编　审： 薛惠锋　　郭京朝　　钱永刚　　额尔德其木格

委　员： 刘文军　　李天春　　谢　平　　刘大鹏　　方　明

雅　坤　　李野墨　　王　战　　刘晓军　　阴建江

李连军　　李琳斐　　康熙瞳　　王海宁　　张　南

马志国　　马雪梅　　徐　源　　邢　钊　　田　涛

薛　昱　　杨德伟　　方海泉　　王　晗　　张　峰

曹　宇　　罗　婷　　郭娇娇　　唐　铭　　张志浩

职璐爽　　程　臻　　冯　敏　　李　晴

国魂

助中国傲立世界的钱学森

中国航天系统科学与工程研究院
上海交通大学钱学森图书馆　著

人民出版社

目　录

第一章　凌云壮志

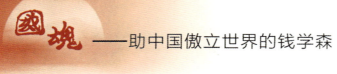

第二章　华夏情怀

第三章　国之重器

第四章 学术丰碑

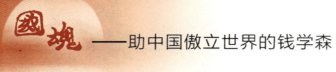

序　一

　　钱学森是卓越的科学家、国防科技领军人物，是我国系统科学的开拓者和奠基人。他思想品德高尚、学识博大精深、思维智慧超群，对发展中国科学技术事业特别是航天事业作出了卓越的成就和杰出的贡献。一代宗师，百年难遇！他是中国人民的骄傲，我对钱学森充满崇敬和怀念之情。

　　由中国航天系统科学与工程研究院组织，在广播剧《钱学森的航天岁月》的基础上提升并撰写的《国魂——助中国傲立世界的钱学森》这部力作，回顾了钱学森一生的光辉历程和爱国情怀，重温了钱学森留给我们的宝贵精神财富。阅读本书的人们一定会为钱学森科学思想之深邃、涉猎领域之广泛和科学、哲学造诣之高而惊叹不已！作者以总揽钱学森一生与国家命运发展的眼光，以史实研究为基础，呈现出钱学森家国一生的辉煌成就，展现出中国航天事业发端、成长及其在中国建立、发展的历史全貌。全书也从历史的角度勾勒出近百年来国家命运的起伏和繁荣的历史进程，发掘梳理了钱学森的学术成长经历，展现出钱学森继承发展思想、总结提炼思想的过程与成就，内容涵盖了钱学森一生涉及的全部科学领域，力图更深一步展现钱学森的科学贡献、科学思想和科学精神。这些著述还原了历史的本来面目，总结了钱学森不平凡的一生，他的故事对于启发青年一代，壮我国人之志也不失现实意义。全书体大思精，自成一格，是关于钱学森研究中不可多得的佳作。这部力作的推出无疑是对钱学森研究的一项重要贡献。

翻阅书稿，回顾前程往事，我不禁感慨万千。其中有几点感想想与大家分享。

钱学森是当之无愧的思想先驱。钱学森是中国现代史上一位伟大的科学家，同时也是一位杰出的思想家。在长达 70 多年丰富多彩的科学生涯中，钱学森曾建树了许多科学丰碑，对现代科学技术发展和我国社会主义现代化建设作出了巨大贡献。但从钱学森全部科学成就与贡献来看，这只是其中的一部分。在钱学森的科学理论与科学实践中，有一个非常鲜明的特点，那就是他的系统思维和系统科学思想。系统研究贯穿于他的整个科学历程中。

20 世纪 80 年代初，钱学森开展了建立系统科学及其体系和创建系统学的工作，并开创了复杂巨系统科学与技术这一新领域。在这个基础上，钱学森的系统科学思想和系统方法有了新的发展，达到了新的高度，进入了新的阶段。尤其是钱学森的综合集成思想和综合集成方法，已贯穿于工程、技术、科学直到哲学的不同层次上，在跨学科、跨领域和跨层次的研究中，尤其是不同学科、不同领域的相互交叉、结合与融合的综合集成研究方面，钱学森作出了许多开创性贡献，创建了复杂性研究的中国学派，提出了开放的复杂巨系统概念和超越还原论、发展整体论等新的科学理论和方法，完善和丰富了辩证唯物主义的系统学说。钱学森还致力于将此概念与方法推广应用到整个国民经济建设中，并从社会形态和开发复杂巨系统的高度，论述了社会系统。

钱学森是不折不扣的科技泰斗。钱学森是我国航天科技事业的先驱和杰出代表，在空气动力学、航空工程、喷气推进、工程控制论、物理力学等技术科学领域作出了开创性贡献，是中国近代力学和系统工程理论与应用研究的奠基人和倡导者。其科学成就包括：在航天工程领域，主持完成了"喷气和火箭技术的建立"规划，参与了近程导弹、中近程导弹和中国第一颗人造地球卫星的研制，直接领导了用中近程导弹运载原子弹"两弹结合"试验，参与制定了中国第一个星际航空的发展规划，发展建立了工程控制论和系统学等；在控制科学领域，发表了《工程控制论》等学术著作，引起了控制领域的轰动，并形成了控制科学在 20 世纪五六十年代的研究高潮；在应用力学领域，钱学森在空气动力学及固体力学方面做了开拓性研究，揭示了可压缩边界层的一些温度变化情况，并最早在跨声速流动问题中引入上下临界马赫数的概念；在系统工程和系统科学领域，于 20 世纪 80 年代初期提出国民经济建设总体设计部的概念，坚持致力于将航天系统工程概念推广应用到整个国家和国民经济建设，并从社会形态和开放复杂巨系统的高度，论述了社会系统，发展了系统学和开放的复杂巨系统的方法论；在喷气推进与航天技术领域，钱学森提出并实现了火箭助推起飞装置，使飞机跑道距离缩短，他提出火箭客机概念和关于核火箭的设想，以及用一架装有喷气发动机的飞机作为第一级运载工具，用一架装有火箭发动机的飞机作为第二级运载工具的天地往返运输系统概念。如此卓越的科学贡献使他当之无愧为科技泰斗。在这里，我们纪念钱学森，就是要学习和继承他追求真理、追求卓越的科学精神。

钱学森是后人追随的做人楷模。钱学森一生都具有强烈的爱国之心，报国之情，无论是国家处于危难艰苦时期，还是处于繁荣发展时期，都能做到矢志不渝。他刚正不阿的民族气节、不屈不挠的民族精神、矢志不渝的高尚品德，值得每一个华夏儿女学习敬重。钱学森从不居功自傲、追逐名利。虽为科学大师，钱学森却反复强调那些举世瞩目的成就绝不是单个人所能取得的，原子弹、氢弹、导弹、卫星的研究、设计、制造和实验是几千名科学技术专家通力合作的成果，不是哪一个科学家独立的创造，而他只是沧海一粟，渺小得很。在他身上显示出人性的光辉。钱学森既是一名杰出的人民科学家，又是坚定的马克思主义者，优秀的共产党员，他的一生始终与党同心同德，与国家和人民休戚与共，始终把个人利益与国家和民族利益紧密结合，在追求国家和民族利益中实现了自身价值。钱学森虽然走了，却为我们留下了如此宝贵的精神财富——崇高品德和高风亮节，他是后人追随的做人楷模。

钱学森是令人敬仰的育人导师。钱学森以极大的精力关注中国的科学和教育事业，他一生学为人师、行为世范。作为中国科学技术发展战略的重要制定者和组织实施者，钱学森一生为国家培养了一大批杰出人才。晚年，他还念念不忘中国科学技术创新人才的培养大计，对于中国的教育特别是高等教育寄予了深切的希望，也提出了更高的要求，激励中国知识分子为民族复兴不懈努力奋斗。

把钱学森为新中国奉献一生的事迹真实、准确、生动、鲜明地记录下来，呈现给我们社会公众与读者，使我们能够更真切、更全面地了解钱学森一生的创新成就和人格魅力。这是钱学森留给我们的一笔宝贵的精神财富，值得我们永远珍藏、铭记、传承，并发扬光大。本书即将面世，我由衷地感到高兴，谨此推荐并作几点感想，以期从中汲取丰富的营养和前进的力量，在新的起点上薪火相传，攀登科技新高峰，创造中华民族新的辉煌。

以作新书之序。

张文台

序　二

　　在实现中华民族伟大复兴的中国梦的历史长河中，群星璀璨，而"国家杰出贡献"科学家钱学森，无疑是其中最耀眼的一颗。他将毕生的心血用于使中华民族屹立于世界民族之林，他无愧为国之栋梁、国之忠魂。随着时间的推移，我们愈加感受到钱学森智慧的耀眼光芒。

　　2016 年 4 月 24 日，在首个"中国航天日"到来之际，习近平同志强调指出，探索浩瀚宇宙，发展航天事业，建设航天强国，是我们不懈追求的航天梦。经过几代人的接续奋斗，我国航天事业创造了以"两弹一星"、载人航天、月球探测为代表的辉煌成就，走出了一条自力更生、自主创新的发展道路，积淀了深厚博大的航天精神。钱学森正是中国航天事业的奠基人。

正如恩格斯所指出的，马克思的整个世界观不是教义，而是方法。它提供的不是现成的教条，而是进一步研究的出发点和供这种研究使用的方法。钱学森亦复如是。作为公认的我国系统工程和系统科学事业的开拓者和奠基者，他开创的"一个总体部、两条指挥线"的治理模式，至今仍是航天事业"守正出新带个好头"的有效实现途径。

在移动智能互联、创新开放共享的新时代，为了引领新常态，适应全球竞争从平台性能向体系效能转变，全球治理向生命共同体、利益共同体、命运共同体、责任共同体进化，加速实现中国特色治理体系与治理能力现代化，有机融合成为当务之急。例如，加速"两化"深度融合、军民深度融合、体系深度融合等等，必须站得更高，看得更远，想得更深，更加注重系统性、整体性、协同性。钱学森开创的"大成智慧工程"，即"把处理开放的复杂巨系统的方法定名为从定性到定量综合集成方法"，是何等远见卓识！

《国魂——助中国傲立世界的钱学森》一书给我们的启迪，是我为之欣然命笔的动力。世人皆知著名的"钱学森之问"，它是一把心锁，而

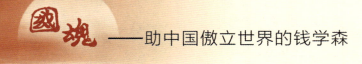

钱学森关于设立"国家总体设计部"的遗愿，则是一把心钥。让我们真正走进钱学森，用心钥开启心锁，用梦想开启未来。

刘顺达

序 三

习近平总书记发出了"发展航天事业，建设航天强国"的伟大号召，并指出"空间技术深刻改变了人类对宇宙的认知，为人类社会进步提供了重要动力"。中国航天创建 60 年来，建成了独立自主的航天科技工业体系，取得了以"两弹一星"、载人航天、月球探测为代表的辉煌成就，中国正在从航天大国向航天强国迈进。这是党中央、国务院、中央军委英明决策，全国人民大力协同，几代航天人顽强拼搏的结果。其中，尤为值得铭记的是，以钱学森为代表的老一辈航天人，他们胸怀报国之心、爱国之情、强国之志，身负党和国家重托，献身航天事业，铸造了一系列举世瞩目的丰碑，为兴国强军立下了不可磨灭的功勋。他们是当之无愧的共和国英雄、中华民族的脊梁。

在建设航天强国新的历史阶段，缅怀老一辈航天人的丰功伟绩，弘扬他们的崇高精神，传承他们的科学思想，具有重大的现实意义。在此背景下，中共中央党史研究室和中国航天科技集团公司于 2014 年联合启动了"口述钱学森工程"，并依托中国航天科技集团公司所属中国航天系统科学与工程研究院组织实施。《国魂——助中国傲立世界的钱学森》一书出版发行，就是"口述钱学森工程"的重要学术成果。本书对钱学森坚定不移的信念、博大深邃的思想、永世长存的功勋、杰出高超的才能、坦荡宽广的胸怀进行了全面如实的描述，展现了钱学森作为"一代宗师、百年不遇"的光辉典范。在缅怀大师丰功伟绩中不忘初心，在承续大师思想中继续前进，我想这就是该书能够为我们提供的价值引导力、文化凝聚力和精神推动力。

翻开《国魂——助中国傲立世界的钱学森》，可以看到捍卫疆土、探索宇宙的大国之器。书中展现了钱学森在我国航天发展的关键时刻，发挥的不可替代的关键作用。从《建立我国国防航空工业的意见书》，到"八年四弹"规划；从第一代中程地地弹道导弹东风 2 号的研制发射，到第一次"两弹结合"试验成功；从第一颗人造地球卫星成功发射，到"曙光号"载人飞船的设计，书中生动记述了钱学森发挥的设计者、组织者和领导者的作用，展现了他超常的智慧。翻开《国魂——助中国傲立世界的钱学森》，可以看到敢于超越、善于创新的强国之路。书中展现了 20 世纪 50 年代，面对优先发展飞机还是导弹的抉择，钱学森运用其深厚的理论和实践经验，建议中央走跨越式发展的道路，优先发展投入较少但威慑力量更强的导弹。正是得益于这样的战略远见，中国才在短时间内取得尖端技术突破，在世界科技史上刷新了中国纪录，创造了中国奇迹。翻开《国魂——助中国傲立世界的钱学森》，可以看到引领时代、昭示未来的兴国之梦。书中展现了钱学森从领导一线退下来以后，重回学术理论研究，提出了一系列谋划未来、迎接挑战、充满希望的重要思想。特别是他运用马克思主义哲学基本原理，在总结航天系统工程的基础上，开创了社会系统工程的新领域，创建了系统工程的中国学派。钱学森提出的关系人民福祉、关乎民族未来的长远大计，正在逐步变成现实。翻开《国魂——助

中国傲立世界的钱学森》，可以看到钱学森情系故
土、胸怀人民的报国之心，他把报效祖国、服务
人民作为始终不渝的信仰和信念，曾深情地说：
"我的事业在中国，我的成就在中国，我的归宿在
中国"，"我本人只是沧海一粟，渺小得很。真正
伟大的是中国人民，是中国共产党，是中华人民
共和国"。钱学森高尚的民族自尊心、民族自信心
和民族气节，在书中得到了生动体现。

党的十八大以来，以习近平同志为核心的党
中央高度重视与关怀航天事业发展，全面提升了
航天在引领科技创新、维护国家安全、服务经济
发展、增进民生福祉、支撑外交大局中的战略地
位。我们要加倍努力实现习近平总书记"发展航
天事业，建设航天强国"的要求，加快中国航天
由"大"到"强"的历史性飞跃，支撑建设世界
科技强国目标的实现。唯有如此，我们才会在
"两个一百年"奋斗征程中，镌刻下更加闪耀的
历程，这是我们实现中华民族伟大复兴中国梦的
历史责任与担当。

"快马加鞭未下鞍"，让我们传承钱学森等老
一辈航天人的崇高精神，不断继承和发展他们开
创的伟大事业，不忘初心，继续前进，建设航天

强国，走在世界航天前列，为实现中华民族伟大复兴的中国梦作出新的更大贡献！

王礼恒

序　四

　　在我心目中，钱学森同志是一位大科学家、大思想家，是历史天空中的一颗璀璨巨星。

　　钱学森同志属于人民，也属于历史；属于中国，也属于世界。他具有坚定的共产主义理想信念、勇攀科技高峰的创新精神和德馨品高的大家风范。他始终把祖国和人民放在心里，自觉把个人志向与民族振兴联系在一起，不懈奋斗。学生时代，他勤学精进，志在报国，树立航空救国的远大理想；留美期间，他潜心攻研，志在兴国，决心学成归国报效，将自己所学用于祖国建设；回国以后，他献身国防，志在强国，和中国航天人一起成就"两弹一星"伟大事业；进入晚年，他老骥伏枥，志在富国，为国家和人民的利益倾注毕生心智。

　　钱学森同志是我国航天事业的奠基人、系统科学的开创者、爱国知识分子的杰出典范，也是当代中国共产党人的楷模。在中国共产党人的队伍中，钱学森同志是模范共产党员、忠诚的共产主义战士，是马克思主义哲学的研究者、传播者、实践者。在当代中国思想发展史、科技发展史、国防建设史和航天发展史上，钱学森同志享有十分崇高的地位。他的学术造诣和学术成就是世界级的，他的贡献和影响是世界性的。在这个世界上，他永远是中华民族和伟大祖国的自豪和骄傲。学习钱学森同志崇高的思想品质和精神风范，对于培育和践行社会主义核心价值观，培育爱国、敬业、诚信、友善的一代新人，实现中华民族伟大复兴的中国梦，具有重要意义。

　　钱学森同志是忠诚无畏的共产主义战士。钱学森同志始终保持对马克思主义的崇高信仰、对共产主义的坚定信念、对祖国和人民的无限深情，堪称当代爱国知识分子的杰出典范。早在 1935 年赴美国留学之前，他就立下学成必归、报效祖国的誓言。他曾说，我是中国人，我到美国去，心里只有一个目标，就是要把科学技术学到手，为自己的祖国服务。新中国成立后，钱学森同志回国的心情更加急迫。1950年夏，为了顺利返回祖国，他向加州理工学院提出回国探亲，但临行前被美国当局以莫须有的罪名拘捕，遭受无理羁留达5年之久。他不屈不挠、顽强斗争，在毛泽东、周恩来等党和国家领导人的亲切关怀下，经过我国政府的严正交涉和国际友人的热心援助，冲破重重阻力，于1955年10月回到祖国，并立即投入到新中国建设的热潮中。钱学森同志始终坚信，在中国共产党领导下，依靠独立自主、自力更生、艰苦奋斗，中国人有足够的智慧和能力在科技领域赶上世界先进水平。有人问他：中国人搞导弹行不行？他坚定地回答：外国人能干的，中国人为什么不能干！这种强烈的民族自信心，激励着他与广大科技工作者一起，坚决贯彻党中央的战略意图，打破外国技术封锁，克服种种困难，在较短时间内铸就了"两弹一星"的历史丰碑，为中华民族屹立于世界民族之林作出了重大贡献。

科学没有国界，但科学家有自己的祖国。钱学森同志自觉地将个人志向与祖国命运紧紧联系在一起，为祖国强盛和人民幸福鞠躬尽瘁、死而后已。他说，我作为一名中国的科技工作者，活着的目的就是为人民服务。如果人民最后对我的一生所做的工作表示满意的话，那就是最高的奖赏。几十年来，他始终把这句话作为自己的座右铭。在近一个世纪的人生历程中，钱学森把一位科学家追求真理的科学精神和一名共产党员的理想信念完美地结合在一起，在取得震惊世界的科学成就的同时，达到了超乎常人的人生境界。

钱学森同志是我国国防科技战线的先锋。钱学森同志是中国航天科技事业的先驱和杰出代表。1955 年年底回国后，他按周恩来总理建议，于 11 月 22 日至 12 月 21 日去东北调研，期间访问了哈尔滨军事工程学院，与校长陈赓大将讨论研制导弹的可能性和必要性。12 月下旬拜见彭德怀、陈毅元帅，提议发展导弹武器。此后，他全身心投入中国的火箭、导弹和航天事业，夜以继日，连续奋斗了 30 多年。1956 年年初，他向中共中央、国务院提出《建立我国国防航空工业的意见书》，科学规划了我国中近程、中程、中远程和洲际导弹的长远发展。他向中央提出的我国人造地球卫星研究计划及卫星发展的"三部曲"，描绘了我国空间技术发展的宏伟蓝图。同年，国务院、中央军委根据他的建议，成立了导弹、航空科学研究的领导机构——航空工业委员会，并任命他为委员。1956 年，他受命组建中国第一个火箭、导弹研究所——国防部第五研究院，并担任首任院长。

在周恩来总理和聂荣臻元帅的直接关怀和领导下，钱学森同志亲自点将聘贤，分别率领千军万马，从零开始，逐步实现了近程、中程、洲际、空防、海防、巡航导弹和各类卫星飞船的研制、试验和生产，形成了百万尖端产业大军，为陆海空军装备现代化创造了条件。他主持完成了"喷气和火箭技术的建立"规划，参与了近程导弹、中近程导弹和中国第一颗人造地球卫星的研制，直接领导了用中近程导弹运载原子弹的"两弹结合"试验，参与制定了中国近程导弹运载原子弹"两弹结合"试验，参与制定了中国第一个星际航空的发展规划，发展建立了工程控制论和系统学等。在空气动力学、航空工程、喷气推进、工程控制论、物理力学等技术科学领域，钱学森同志作出了开创性贡献。在短暂的 30 年中，中国从贫弱落后跃入世界强国之林，建立了巩固的现代战略防御和空防、海防体系，由导弹武器派生的航天运载火箭也为空间科学开辟了道路。

沿着钱学森同志描绘的美好蓝图，经过半个

多世纪的发展，我国航天事业以较少的投入，在较短的时间内，取得了举世瞩目的辉煌成就，在世界高科技领域占有了一席之地。运载火箭和卫星技术达到国际先进水平；载人航天和深空探测取得重大突破；我国首次月球探测工程取得成功，开启了中国人走向深空探索宇宙奥秘的时代；航天员出舱和空间交会对接，实现了对我国空间技术发展具有里程碑意义的重大跨越。这些成功改变了中国的国运，也极大地影响了世界格局。正是因为利用人民解放军大兵团作战的组织管理方法，在国防工程建设上，将我们党所独有的民主集中制运用到研制的全过程中，团结所有可以凝聚起来的力量，"两弹一星"的事业，最终取得了成功。今天看来，在当时的条件下，钱学森同志就已经把科学技术创新、组织管理创新与体制机制创新有机结合起来，实现了综合集成创新，走出了一条发展中国航天事业的自主创新之路。钱学森同志为新中国航天事业和武器装备发展建设作出了历史性贡献，1991 年被国务院、中央军委授予"国家杰出贡献科学家"荣誉称号，并被中央军委授予一级英雄模范奖章，1999 年被党中央、国务院、中央军委授予"两弹一星"功勋奖章，2009 年被评为全国"100 位新中国成立以来感动中国人物"之一。

钱学森同志是世界时代创新的精神领袖。钱学森同志本人是集东西方文明精华而得大成者。他到美国学习时就下决心一定要把美国最先进的科学技术学到手后再回来报效祖国，所以回国前导师评价他"在学术上你已经超过我了"。在美国学习工作20年，使他深悉西方文明特别是现代科学技术的优势；自幼受中华传统文化熏陶，回国后又在党的领导下创立了举世瞩目的"两弹一星"事业，使他更加清楚社会主义制度和中华传统文化的优越性。纵观钱学森同志的一生，会发现系统工程思想是伴随着钱学森一生的经历，也是他在各个领域思想成就的集中体现。钱学森同志曾说："'两弹一星'工程所依据的都是成熟理论，我只是把别人和我经过实践证明可行的成熟技术拿来用，这个没有什么了不起，只要国家需要，我就应该这样做。系统工程与总体设计部思想才是我一生追求的。"

钱学森洞悉东西方文明各自的特点和互补性，他晚年的理想信念是将东西方文明的优秀精华集成起来，创立认识客观世界、改造客观世界的整个知识体系，开创人类历史上的第二次文艺复兴。正如钱学森在书信中指出的："我们社会主义中国应该纠正这一缺点（指西方建立在还原论基础上的所谓科学方法具有很大的局限性），以马克思主义哲学为指导，取出我国传统文化中的精华，结合现代科学技术，辩证统一扬弃为新的文化。这就是我说的将在社会主义中国出现的第二次文艺复兴。"由此可见，钱学森同志对以马克思主义哲学为指导的共产主义理想，对现代科学技术体系和中华优秀传统文化有着坚定的信念，坚信这三者结合开创的第二次文艺复兴不但会使中国出现"历史上从未有过的繁荣和强大"，而且综合集成了古今中外的优秀文明成果，是"站在世界系统整体的角度看世界"，能够从总体上解决人类面临的现实问题，"更长远地为我们人民造福，为全世界，为全人类造福"，因而具有深远的世界意义。

伟大的人物必有伟大的精神。钱学森同志以自己的毕生言行铸就了钱学森精神。生命有限、精神永存。钱学森同志永远活在中国人民的心中。对"人民科学家"和我国唯一的"国家杰出贡献科学家"的称号他是当之无愧的。钱学森同志的卓越贡献与他的道德品质密不可分，他的高风亮节与他的丰功伟绩同样不朽。钱学森精神充分体现了社会主义核心价值观的要求，是社会主义中国宝贵的精神财富。钱学森精神体现了自强不息、厚德载物，谦虚谨慎、勇于担当等中华民族的优秀品质，钱学森的爱国主义精神更是广为人知，钱学森精神是体现以爱国主义为核心的民族精神和以改革创新为核心的时代精神的光辉典范。

习近平总书记说过，历史、现实、未来是相通的，中国共产党带领人民创造了一个又一个辉煌、一个又一个奇迹，这其中的经验和智慧无不凝结于党的历史。站在历史与未来的交汇点，只有弘扬奋斗精神，全党全国各族人民团结一心，集思广益用好机遇，众志成城应对挑战，立行立改破解难题，奋发有为进行创新，才能统筹推进"五位一体"总体布局，协调推进"四个全面"战略布局，实现中华民族伟大复兴中国梦。

钱学森同志用自己的一生，践行了一名爱国知识分子、一名共产党员、一名具有高尚品德的人、一名科学家、一名思想家的理想信念，践行了实现中华民族伟大复兴的中国梦的赤子言行，成为我们这个时代的楷模。

　　宏伟蓝图已经展开，前进号角已经吹响。"撸起袖子，大干一场"是唯一的选择。我们要以钱学森同志为榜样，坚韧不拔、正视问题，恪尽职守、脚踏实地，奋勇前进、百折不回，矢志不渝地推动中华民族复兴伟业，再创文明古国的灿烂辉煌。

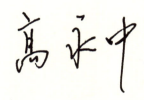

序 五

习近平总书记曾指出，探索浩瀚宇宙，发展航天事业，建设航天强国，是我们不懈追求的航天梦。经过几代航天人的接续奋斗，我国航天事业创造了以"两弹一星"、载人航天、月球探测为代表的辉煌成就，走出了一条自力更生、自主创新的发展道路，积淀了深厚博大的航天精神。

国家崛起既是经济发展的腾飞，也是精神文明的复兴。钱学森精神是民族精神与时代精神的高度统一，是科学精神与人文精神的深度融合，是"两弹一星"精神和载人航天精神的真实展现。作为我国唯一拥有"杰出贡献科学家"称号的他，为我们留下了彪炳史册的科学成就，留下了弥足珍贵的精神财富。钱学森精神集中体现在唯图国强、不图己荣的爱国情怀；谋在前瞻、行在创新的科学品质；人才为重、兴才为责的时代担当；人生有限、求索无限的孜孜追求；科学最重、名利最轻的高风亮节。当今，社会发展迎来崭新的时代，对于钱学森这样的大师，我们应当把他的学识水平、他的思想境界、他的高尚灵魂、他对祖国的发展奉献的一生，充分地展示出来、表达出来，告诉我们的后代，在中华民族的历史长河中，有一颗明亮的钱学森星，在茫茫宇宙中为祖国标注中国人迈向太空的高度。

值"中国航天日"设立一周年之际，作为钱学森晚年曾经工作、战斗过的单位——中国航天系统科学与工程研究院（军工代号十二院）成立一周年之际，提升于广播配乐纪实文学《钱学森的航天岁月》特别节目，特组织编纂《国魂——助中国傲立世界的钱学森》一书。2016年是中国航天第十二研究院成立的第一年，也是国家"十三五"的开局之年，十二院的钱学森智库建设已经初显成效。完成综合集成研讨厅基础设施的建设，举办了五次闻名中外的钱学森论坛和中国系统工程学术年会，与世界顶级学术期刊《Science》出版了《系统工程在中国》专刊，更与中央电视台联合制作了《国家记忆之钱学森与中国航天60

年》的专题纪录片，同时还出版了《丰碑》《祖国不会忘记》《脊梁》等一系列专著，传承和发扬钱学森精神，确立了十二院在国内外系统工程领域的地位和影响力。

　　钱学森的一生展现了他崇高的人格和不朽的国魂，这一切都永远铭刻在我们的心中，长久的存留于我们的记忆里。这部历史真实再现的《国魂——助中国傲立世界的钱学森》，把钱学森为祖国之复兴奉献一生的事迹，真实准确、生动鲜明地记录下来，就是要铭记历史、传承精神，为实现中华民族伟大复兴的中国梦凝聚强大力量，使我们能够更真切、更全面地了解钱学森，这是钱学森留给我们的宝贵精神财富，值得我们永远珍藏铭记传承，并在华夏大地上发扬光大。"青衫封将印，科技等大儒。天工开物者，不与圣贤殊。"这本《国魂——助中国傲立世界的钱学森》一定可以让读者近距离地感受到钱学森终身为国、一心为民的精神和不负使命的光辉历程。

　　在整理编辑《钱学森的航天岁月》播音稿的过程当中，通过对钱学森光辉事迹的播音，讲钱学森的故事，使我和广大听众一起了解到钱学森是一位功勋卓著的大师，我们国家今天之所以能够屹立于世界民族之林，跟科技水平的发展是密切相关的。所以钱学森不仅仅是钱学森个人，更是民族的钱学森，是以钱学森为代表的一批科学家，他们为伟大的祖国能够屹立于世界民族之林作出了重大的贡献。我们希望能够很好地继承和发扬钱学森精神，能够使这些像钱学森一样的科学家当时所展望的中国梦，在我们这一代得到实现。同时，通过我们的手，将这不朽精神传递到我们的下一代，下下一代，使国家真正强盛起来、人民真正富裕起来。这也是我们编纂《国魂——助中国傲立世界的钱学森》的初衷。

"历史是最好的教科书，也是最好的清醒剂。"从《国魂——助中国傲立世界的钱学森》这本书中可以找到钱学森如何做人做事做学问的人生答案，以期从中汲取丰富的营养和前进的动力，在新的起点上薪火相传，攀登科技新高峰，创造民族新辉煌。

额尔德其木格

前　言

"钱学森是上天送给共产党中国的一个礼物"，这句外国媒体的评论，远不足以评价这位一代宗师的光辉一生。钱学森的名字，无论在中华民族伟大复兴的历史上，还是在所有炎黄子孙的心目中，都有着深远的历史意义和重大的现实意义。他是世界级的科技大师、思想大家，是爱国知识分子的光辉典范，是迄今为止我国"国家杰出贡献科学家"称号的唯一一位获得者。从"两弹一星"到载人航天奠基，从系统工程的"中国学派"到产业革命的远景勾勒，他为祖国强大、世界和平、人类文明进步，立下了不可磨灭的卓越功勋。

"作为伟大的科学家，钱学森属于 20 世纪；作为伟大的思想家，钱学森属于 21 世纪"。钱学森留给我们的，不仅仅是光耀千秋的科技丰碑，更有永世长存的精神财富。钱学森的精神有很多，其中最核心的一条，就是在祖国和人类需要的关键时刻，发挥了别人无法替代的关键作用。这种精神，镌刻着强军兴国的伟大功勋，挺起了民族复兴的脊梁，激荡着国家繁荣的百年梦想，是当之无愧的"民族之气""国家之魂"。

为展现钱学森的光辉一生，弘扬他的伟大精神，同时，隆重庆祝我国第二个航天日，纪念中国航天第十二研究院成立一周年，我们以"口述钱学森工程""群星灿烂工程"等中央专项的研究成果为基础，编写了《国魂——助中国傲立世界的钱学森》这部专著。这部书以钱学森的人生经历为主轴、核心精神为底色，力图围绕"思想先驱、科技泰斗、育人导师、做人楷模"等多个维度，展现钱学森在人生中面临的一个个关键时刻、重大关头，展现他如何以超乎想象的决心和胆略、超乎寻常的勇气和智慧，创造出一个又一个令人称赞的"中国奇迹""世界奇迹"，在波澜壮阔的民族复兴史、人类文明史上，留下他作为一代宗师的深刻印记。

全书分五章。第一章"凌云壮志"，主要写钱学森少年时期，受传统家风熏陶和新学教育培养而逐步成长，面对内忧外患，立志铁道救国，又转而坚定航空救国的早年经历。第二章"华夏情怀"，主要写钱学森留美期间的蜚声世界的科学成就，以及为反法西斯战争胜利作出的重大贡献；通过描写他不畏艰险、排除万难的归国历程，充分展现他坚定不移的爱国之心、报国之志。第三章"国之重器"，主要写钱学森在中国航天从事领导工作期间，作为航天事业的开拓者、奠基者、领导者、实施者，为"导弹自主""两弹结合""八年四弹"及载人航天的奠基，所发挥的不可替代的关键作用。第四章"学术丰碑"，主要写钱学森的金色晚年，倾尽毕生经验与智慧，潜心于学术研究，开创系统工程中国学派、搭建现代科学技术体系。第五章"风范永存"，围绕思想先驱、科技泰斗、育人导师、做人楷模等维度，对钱学森的风范、气度、神韵作了高度总结和概括。

中国系统科学与工程研究院（军工代号：中国航天科技集团公司第十二研究院，以下简称"十二院"）是钱学森工作过并倾注了大量心血的地方，是钱学森思想的重要传承者。钱学森运用他在美国奠基、在中国航天实践、在晚年开展学术研究形成的系统工程理论、方法、工具，为十二院打造了一系列智库杀手锏，并运用于国民经济和社会发展的方方面面，这就是"钱学森智库"的发端。2016 年 4 月 24 日，中央批准成立了中国航天第十二研究院，赋予了十二院"建设钱学森智库、支撑航天服务国家、成为军民融合产业抓总单位"的重要职能，要求十二院做"智库的智库"。成立一年来，十二院高举钱学森系统工程旗帜，充分发挥党政军企的智库总体作用，在保障航天、服务高层、推动军民融合发展方面，取得了一系列开创性的成就。十二院将一如既往地推动跨军民、跨地域、跨行业、跨层级、跨学科的思想集成，为引领系统工程发展变革、为推动治理体系和治理能力现代化，作出无愧于时代的贡献。

"一个有希望的民族不能没有英雄，一个有前途的国家不能没有先锋。"钱学森展现的不朽国魂，在历史长河中渐行渐近、历久弥新，在时代大潮中奏响强音、引领前行。让我们把钱学森的精神融入血液，铸就信仰的基石、振奋前进的力量，我们就一定能够撑起中华民族伟大复兴的风帆，通往实现"两个一百年"目标的光辉彼岸。

第一章

凌云壮志

钱学森的一生，见证了风起云涌的百年变局，亲历了波澜壮阔的复兴伟业。他始终站在时代潮头，先后五次作出重大选择，而其中两次就发生在他的少年时代。受到传统家风熏陶和新学教育培养的钱学森，从中学时代起，一直到负笈游学前，面对内忧外患，立志铁路救国，面对民族安危，转而坚定航空救国，并以常人少有的凌云壮志，发出了"征服空间、征服宇宙"的呐喊，标注了非同寻常、荡气回肠的人生起点。

1934年，钱学森从国立交通大学机械工程学院铁道工程专业毕业

第一节　东西文化织就成长摇篮

回望钱学森的成长经历，可以清晰地看到，千年望族的文化精髓在他的血液中流淌，新式教育的创新精神在他的思维中激荡。这两者相互碰撞、相得益彰，成为他成长的摇篮，并结出了丰硕的果实，使钱学森在早年就能够通古今之变化、发时代之先声、开思想之先河。

一、千年望族传承精神根脉

"家是最小国，国是千万家"。在中华民族的大家庭中，有一个赓续千年、枝叶繁茂，大师辈出、光耀千秋的名门望族——吴越钱氏家族。自唐末五代以来，钱氏家族成员载入史册的逾千人，近代以后更是出现人才井喷现象，文坛硕儒、科技巨擘、国学大师等群星灿烂。一代宗师钱学森，就出自这个"千年名门望族、两浙第一世家"。

　　吴越钱氏家族，如从五代时期吴越王钱镠算起，至今已历经1100余年。从钱镠开创吴越国始，至钱弘俶纳土归宋结束，钱氏三代五王，执掌吴越国政权达86年。唐末乱世，中原大地军阀混战、烽烟四起，而以杭州为中心的东南一隅却"风景这边独好"，一派男耕女织、安居乐业的升平气象。钱镠因起于草莽，深知"民惟邦本，本固邦宁"的道理，所以没有像其他割据者那样热衷于扩张领土，而是坚守"保境安民"的基本国策，"世方喋血以事干戈，我且闭关而修蚕织"，一心一意发展经济。他注重兴修水利，劝民农桑，开拓贸易，使境内出现了五谷丰登、百业俱兴的升平景象，吴越国经济民生得到长足发展，成为五代时期仅有的未受兵祸影响的安定之邦，是当时中国最富庶的地方。北宋时杭州知府苏轼为此赞叹道："吴越地方千里，带甲十万，铸山煮海，象犀珠玉之富，甲于天下。"宋代美丽富饶的"苏杭天堂"，正是由此奠定了物质基础。所谓"欲治其国者，先齐其家"，钱镠在治理东南的过程中，领悟到创业容易守业难的真谛，形成了一套修齐治平的哲学，制定了充满智慧的家规家训。

　　钱氏家规家训，主要包括《武肃王八训》《武肃王遗训》《钱氏家训》等。这些家规家训，通篇闪耀着当时十分难得的"民本"思想。钱镠反复告诫子孙：要"恤兵爱民""免动干戈，即所以爱民""一丝一粒，皆民人汗积辛勤，才得岁岁丰盈"。直到今天，我们仍可以从保俶塔、钱王祠等杭州的风景

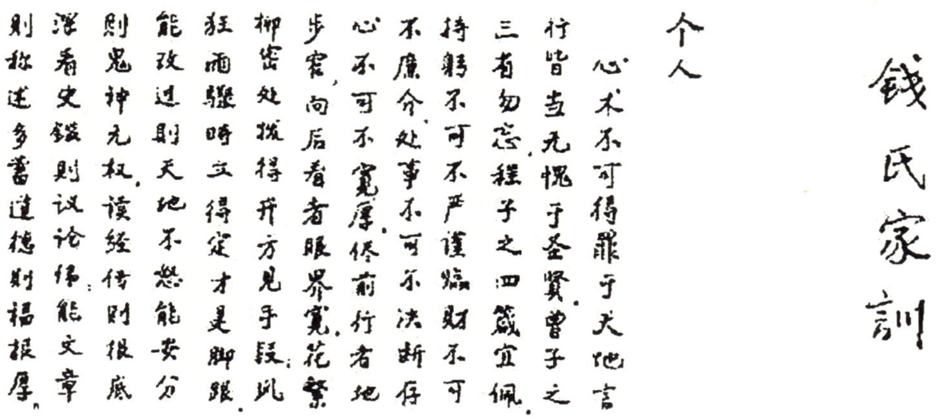
钱氏家训

个人

心术不可得罪于天地，言
行皆当无愧于圣贤。曾子之
三省勿忘，程子之四箴宜佩。
持躬不可不严谨，临财不可
不廉介。处事不可不决断，存
心不可不宽厚。尽前行者地
步窄，向后看者眼界宽。花繁
柳密处拨得开，方见手段；风
狂雨骤时立得定，才是脚跟。
能改过则天地不怒，能安分
则鬼神无权。读经传则根底
深，看史鉴则议论伟；能文章
则称述多，蓄道德则福根厚。

图 1-1 《钱氏家训》手抄本

名胜中，看出吴越子民对钱王的感激和怀念。这些家规家训，处处彰显着对家风建设、家族教育的远见卓识与超拔智慧。特别是《钱氏家训》，从“个人、家庭、社会、国家”四个方面，对钱氏子孙立身处世、婚恋嫁娶、持家治业的思想行为，作了全面的规范和教导。尤其是对教育的高度重视，如“兴学育才则国盛”“子孙虽愚，诗书须读”，是解读钱氏家族千年兴盛的文化密码。传承千年的家风，深远地影响着数以万计的钱氏后人，成为了钱氏家族乃至中华民族自强不息的精神财富和精神标识。

钱学森在成长中，无疑受到了传统家风的深刻影响，传承了钱氏千年望族的文化基因，使得理想精神、精英意识、家国情怀在他身上得到了淋漓尽致的体现。钱学森赴美留学之前，他的父亲钱均夫留给他的字条上写着：“人，生当有品：如

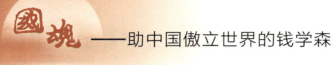

图1-2　钱学森（左一）和父亲（左二）、母亲（左三）、祖母（左四）在杭州方谷园家中合影

哲、如仁、如义、如智、如忠、如悌、如教"，"吾儿此次西行，非其夙志，当青春然而归，灿烂然而返"。润物无声的家风影响，使得钱学森终其一生爱憎分明、光明磊落、百折不回。尤为突出的是，对《钱氏家训》"利在一身勿谋也，利在天下者必谋之"的价值观、"心术不可得罪于天地，言行皆当无愧于圣贤"的人生观，钱学森在一生中做到了一以贯之、始终不渝。面对新中国成立后的百废待举，他毅然放弃了美国的优厚生活，发出心声："我是中国人，我到美国是学习科学技术的。我的祖国需要我。因此，总有一天我要回到中国去的。"面对党和国家交给的时代重任，他毅然挑起了千钧重

担，发出心声："我个人作为炎黄子孙的一员，只能追随先烈的足迹，在千万般艰险中，探索追求，不顾及其他。"在为祖国强大和民族进步立下不朽功勋后，他说："我个人仅仅是沧海一粟，真正伟大的是党、人民和我们的国家。"钱学森的身上，始终体现着优良家风、传统文化的智慧、神韵、气度，体现着"计利当计天下利"的胸怀、"修身齐家治国平天下"的抱负。正如钱学森发给"吴越钱王与长三角繁荣主题报告会"的贺电中所说："我们的先祖，他的政绩只是'致富一隅'，而我们后人的事业，是使整个中国繁荣富强。老祖宗地下有知，是会高兴的。"

二、六载新学开启思维源泉

回顾钱学森的成长历程，在国立北京师范大学附属中学（今北京师大附中）就读的六年，是他极为珍视的"人生的第一个高潮"。钱学森曾回忆说："旧中国国家多难，人民处于水深火热的灾难中，但我这一段所受的教育却是一个小小局部现象，情况比较好，特别是中学。（20世纪）20年代的北京师大附中有个特别优良的学习环境，我就是在那里度过了六年，这是我一辈子忘不了的六年。这个学校的教学内容很深刻并且现代化。"

北京师大附中采用的是当时在世界范围都较为先进的教育办学理念。钱学森评价当时的校长林砺儒，"把师大附中办成了一流的学校，真是了不起"。林砺儒在国内率先推行中学

"三三学制"，从而实现我国基础教育学制与世界接轨，钱学森正是这次学制改革的第一批受益者之一。林砺儒提出了以环境为中心的课程改造观。那时，北京师大附中的教材都由学校教师自定、自编、自选，新的课程体系达到了国际水平，还开设了许多大学基础课，如代数、解析几何、微积分、非欧几里得几何、物理学等。钱学森说："我附中毕业后，到交通大学学习，第一年觉得大学功课没有什么，因为我在中学都学过了。交大四年实际上就学了两年。我考上公费留学美国，是靠附中打下的基础。"与世界接轨的六年新式教育，为钱学森打开了眼界、磨砺了思维、夯实了基础，对他产生了决定性的影响。

图 1-3　钱学森中学时期的北京师范大学附中实验室

钱学森曾亲笔写下一份珍贵手稿，回忆了他的一生中给予他深刻影响的 17 个人。这 17 个人中，作为教育家的父亲钱均夫是他的人生第一位老师，此外中学老师占了 7 位，足见六年的中学教育对钱学森的成长所起的关键作用。其中，语文（当时叫国语）老师是近代著名修辞学家董鲁安，钱学森视他为中学期间对自己影响最大最深的老师。用钱学森的话说，"董老师实际上把这个课变成了思想政治教育课"，使他懂得了许多深刻的人生道理。董鲁安后来参加了地下党的工作，在新中国成立以后成为河北省委的负责人之一。钱学森的绘画老师是大画家高希舜。钱均夫曾带钱学森登门拜访高希舜，请他教授绘画。直到老年，绘画一直是钱学森的重要爱好。教矿物学的老师李士博将矿物十级硬度编成了"滑、膏、方，萤、磷、长，石英、黄玉、刚、金刚"口诀。在北京师大附中举行八十周年校庆时，时年 70 岁的钱学森一字不差地背诵了这一口诀，引发了全场惊叹。对化学老师王鹤清，钱学森回忆到，当时师大附中很穷，经费不足，但是实验做得很多，化学实验室对学生随时开放，学生的求知欲强，把学习当成一种享受。教几何的傅仲孙老师，用古汉语自编了几何讲义，他的一番对公理的高论，即"只要承认公理，定理是根据逻辑推断的必然结果，没有第二种定理。在中国是如此，全世界也是如此，就是拿到火星上去它也得是如此"，使钱学森终其一生印象深刻。钱学森晚年饱含深情地说："几十年前在师大附中所受的教育，我们这些人是终身感谢的，现在还在影响着我们。"

《教育理论、思维科学与脑科学》

从我自幼所受教育来看，培养青少年要从多方面，包括文艺、绘画、音乐入手。

我自幼的老师就有

1）父亲 钱家治——马发言文
2）母亲 章兰娟——养花草
3）小学老师 于士俭——广泛求知，写字
4）中学老师 董鲁安（于力）——国文，思想革命
　　　　　　 俞君适——生物学
　　　　　　 高希舜——绘画、美术、雕塑
　　　　　　 李士博——矿物学（十级硬度）
　　　　　　 王鹤清——化学（原子价）
　　　　　　 傅仲孙——几何（数学理论
　　　　　　 林砺儒——伦理学（社会新
5）大学老师 钟兆琳——电机工程
　　　　　　 陈石英——热力学
6）考备留美 王助——经验设计
7）　留美 Theodore von Karman
8）　归国后 毛泽东、周恩来、聂荣臻

将来要大力发展思维科学。

17位

图1-4　钱学森手稿：深刻影响钱学森一生的 17 个人，
其中中学老师有 7 位

　　中学期间，以培育创新思维、发掘智力潜能为导向的学习环境，使钱学森具备了高人一筹的思维方式、思想方法，成为他一生中打开"创新之门"的第一把钥匙。当时北京师大附中的学生，大都把学习当成一种享受，而不是一种困难。大家都认为，能学到知识是重要的，考试是否得高分在其次。在考试当中，如果思维新颖、解题有创见，就会得到肯定和鼓励。例如，傅仲孙老师在给学生的测验评分时独出心裁，如果出 5 道题，学生都答对了，但解法平淡，只给 80 分；如答对 4 道，但解法有创新，就给 100 分，还另外给予奖励。虽然北京师大附中的课业不轻，但钱学森回忆说："这样多的课程，一点没有受不了的感觉。同学们也没有。下午下了课，还非要玩一阵不可，到球场上踢一阵球，天不黑是不回家的。那时，我们思想上没有压力，我们没有受苦。没有人为考试而'开夜车'，更没有人死背书。学生看了很多书，但从不死读书，而是真正理解书。考试一般都能得七十多分，拔尖的同学得八十多分。"钱学森回忆，他中学的同学们基本上临考是不做准备的，从不因为明天要考什么而加班背诵课本，如果通过死记硬背、急功近利而获得高分，同学们反倒瞧不起。学生求知欲望很强，把学习当成兴趣而非困难，老师用诱导法教学而不是强迫。每天午饭后，钱学森都和同学们在教室里互相交谈感兴趣的各种科学知识。正是这样的学习氛围，才没有让钱学森陷入"死读书"的桎梏，并把探索未知、创新创造作为其一生始终不渝地遵循。

国魂——助中国傲立世界的钱学森

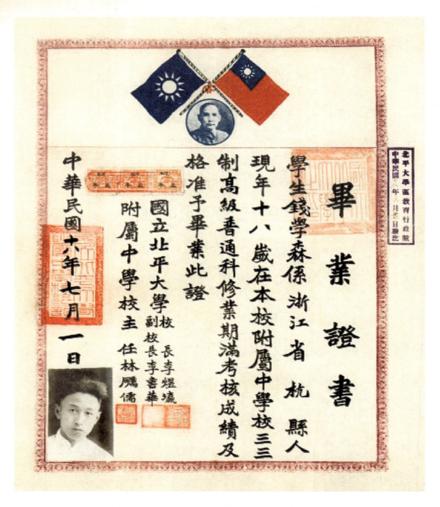

图1-5　钱学森的中学毕业证书

第二节　内忧外患激发铁道之志

每一个时代的青年，都带有鲜明的时代烙印和追求。钱学森出生之时，中国大地风云变幻，战火纷飞、赤贫千里给这个羸弱的国家带来了深重的苦难，彼时的中国正经历着从推翻帝

12

制走向现代化的坎坷征程。身处这样的环境，更加激发了钱学森强烈的求学报国之志。

一、时代变幻烙下强国信念

自 1825 年世界第一条铁路在英国正式通车，那冒着黑烟在铁道上飞驰的火车头，就成了工业革命的写照，成了资本主义高速发展的缩影。1865 年，外国人在北京铺设了一条一里长的示范性铁轨，那发着吼叫奔跑着的庞然大物，令国人大惊，"诧所未闻，骇为怪物，举国若狂"。

1895 年，清政府在中日甲午战争中败北。当时，英国铁路已横贯全国，长达 2 万 6 千多公里，美国也已经达到一年内能够建造铁路一万多公里的水平。铁路，象征着速度，象征着国力，象征着工业化的程度。

中国的革新派们，直隶总督兼北洋大臣李鸿章、湖广总督兼两江总督张之洞、首任台湾巡抚刘铭传、海军衙门帮办曾纪泽先后上书："急造铁路！" 1905 年，由詹天佑总工程师设计的第一条铁路——京张铁路开始建造，终于在 1909 年 8 月 11 日建成通车。然而，中国国土幅员辽阔，大批铁路亟待兴建。

1912 年，孙中山退去临时大总统之后"舍政事，专心致志于铁路之建筑，于十年之内筑 20 万里之线"，他认为"凡立国铁路愈多，其国必强而富"。孙中山一心去实现他的实业救（兴）国之梦。他认为中国要富强，首先要"人尽其才，地尽其利，货畅其流"。而欲"货畅其流"，修铁路乃第一要务。此时的钱学森刚满周岁。

1917 年 8 月 25 日，孙中山为恢复国会和临时约法，在广州组建了临时政府，于 1919 年倾其毕生所学力著《建国方略》，系统地抒发自己的建国宏愿和构想。《建国方略》由《民权初步》《孙文学说》和《实业计划》三篇构成。在《实业计划》的六大计划中有五大计划都涉及了对我国铁路建设的描述，勾画出了中国未来铁路发展的宏伟蓝图。此时的钱学森刚满 8 岁，在当时中国最好的小学之一"国立北京女子高等师范学校附属小学校（今日的北京第二实验小学）"读初小三年级。

之后的中国，经受着军阀混战和外强威胁的痛苦。1926 年 7 月 9 日，国民政府成立国民革命军从广东起兵，在接连攻克长沙、武汉、南京、上海等地以后，国民政府内部因对中国共产党的不同态度而一度分裂，汪精卫和蒋介石决裂，北伐陷于停顿。宁汉合流后，国民革命军继续北伐，并在西北的冯玉祥和山西的阎锡山加入下，于 1928 年攻克北京，致使北洋奉系的张作霖撤往东北并被日军刺杀于皇姑屯，其子张学良宣布东北易帜。至此北伐完成，中国实现了形式上的统一。

同时，日本为维护其在东北的殖民利益，派遣了 4 万多人的兵团进驻关东州及南满铁路附属地，并设立关东总督府。1918 年，日军开抵哈尔滨，攫取哈尔滨至长春的铁路管理权。

1919 年，关东总督府撤销，改设关东厅，成立关东军，司令部设在旅顺。1925 年 5 月 30 日，上海学生发表演说，抗议日本纱厂打死工人顾正红，英国巡捕开枪射击，当场打死 13 人，重伤数十人，逮捕 150 余人，造成震惊中外的五卅惨案。1926 年 3 月，日舰炮击大沽炮台，中国驻军死伤 10 余人，后日本调军舰于大沽对中国进行威胁。3 月 18 日，北京群众举行集会抗议，遭到镇压，47 人被打死，200 余人被打伤，酿成"三一八惨案"。1928 年 5 月，日军制造"济南惨案"，打死中国军民 1000 多人，并占领济南。此时的钱学森就读于国立北京师范大学附属中学。

二、铁道救国渴望改变命运

面对内忧外患，面对中国在现代化道路上遭遇的崎岖和坎坷，钱学森受到孙中山《建国方略》的影响，立志"实业救国"，即"习西夷之长，救中国之短"。他决心效仿詹天佑，献身"铁道救国"。

1929 年 9 月，钱学森以总分第三名的成绩考取国立交通大学机械工程学院，攻读铁道机械工程专业。

虽然北京有着北京大学、清华大学那样的名牌大学，但是钱学森却要报考位于上海的国立交通大学，那是因为铁道机械工程隶属铁道部主管，当时只有直属铁道部的国立交通大学才设有最棒的铁道机械工程专业。

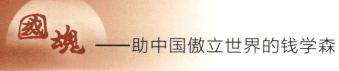

图1-6　1929年，就读国立交通大学铁道机械工程专业的钱学森（前排右二）

　　钱学森在交通大学期间学习刻苦，大多数同学的分数在70到80分之间，而钱学森每年的平均成绩都超过了90分，总分在班上22名学生中位居第一。在交通大学学习期间，钱学森几乎每学期都获得免交学费的奖励。

　　不仅如此，钱学森对科学的严谨态度使得老师们对他极为喜欢。1933年，22岁的钱学森读大学三年级，金悫教授讲授水力学，期末进行水力学考试，当试卷发下来的时候，钱学森得到的是100分的满分成绩。但是钱学森仔细检查的时候发现了一个小小的错误，在一道公式推导的最后一步，把"Ns"写成了"N"。钱学森主动向金悫教授说明自己的错误，请求老师扣分，于是金教授给了钱学森96分。而另外一名老师陈石英教授则把钱学森应该得100分的热力学考卷，只批了99

分。当钱学森为自己满分的试卷只得了 99 分感到惊讶的时候，陈石英教授向钱学森说明了原因：因为你的成绩一直很优异，为了防止你自满，没有给 100 分。钱学森非常感谢陈石英教授的良苦用心，在学习上倍加努力。

在校期间，钱学森每天必去的地方是图书馆，他在这里借阅图书不仅限于自己的专业，而是"什么科目的书都看"，包括讲飞艇、飞机和航空理论的书，可谓博览群书。钱学森后来回忆说，"没有图书馆和资料馆，就没有今天的钱学森"。

大学时期是青年钱学森政治信仰塑造与思想品质塑型的重要阶段。由于交通大学当时在隶属关系和地理区位上都处于国民政府统治管辖之内的特殊政治与地理环境，青年钱学森在校期间以自己的方式接触进步思想，思想觉悟不断提高，并在行动上表明了自己的政治倾向。

在校期间，钱学森向往光明，追求进步，自觉参加党的组织活动，学习党的理论知识，从而逐渐建立起对党的了解以及对参加党组织活动的热情。1930 年 3 月，交通大学学生发起组织"读书合作社"，社员在入社前后大都受到马克思主义或无产阶级文学的影响，有革命要求，对国民党专制统治和列强在华的侵略现状强烈不满。钱学森接触到"读书合作社"及共产党的外围组织，他参加过多次小型读书讨论会，从那里知道了红军和解放区的存在，并积极参加小组领导的"抵制日货""将日本侵略者赶出东北三省""反对不抵抗主义"等抗日救亡运动。通过参加组织活动，钱学森对党有了初步的认识，他的思想不断进步，觉悟不断提高，成长为具有远大志向和崇高理想的进步青年。

钱学森不但在学业上孜孜不倦，打下了扎实深厚的知识基础，而且注重综合素质的锻炼，做到了文理相通，专博相济。在校期间，他对艺术情有独钟，参加了学校的管弦乐队、雅歌诗社、军乐队、口琴会等多个文艺社团，对音乐、美术、诗歌等都有涉猎，不断提高自己的艺术修养。他甚至花钱买票去上海兰心大戏院听交响乐，接受高雅音乐的熏陶，提高自己的艺术审美能力。第三十四届学生毕业之际，钱学森是毕业纪念册编辑组美术部的主要成员之一，他不仅创作了许多插图，还为该年级设计了级徽。级徽简洁美观，寓意深刻，体现了科学与艺术相结合的特点。

钱学森还从书本中汲取艺术营养，获取艺术灵感；从阅读中寻找艺术情趣，形成艺术思维。在杭州休学期间，他阅读了很多艺术方面的书籍，其中包括普列汉诺夫的《艺术论》。这本书以唯物史观和辩证唯物主义为理论指导，对钱学森的艺术观、人生观和价值观的形成起到了重要作用。他说："艺术上的修养不仅加深了我对艺术作品中那些诗情画意和人生哲理的深刻理解，也学会了艺术上大跨度的宏观形象思维。我认为，这些东西对启迪一个人在科学上的创新是很重要的。"

国立交通大学是中国历史悠久的大学之一，创办人是洋务

图 1-7　钱学森（前排左一）在大学期间参加管弦乐队

运动的代表人物盛宣怀，同时他又号称中国的"铁路大王"，于 1896 年创办南洋公学（交通大学的前身）。这所大学以美国哈佛大学、耶鲁大学为蓝本，以培养高级人才为办学目标。交通大学建校之初，从麻省理工学院和哈佛大学购来了成套教科书，依照美国大学课程进行教学。后来交通大学逐渐明确"以理科为基础、工科为重点、兼有管理学科"，形成自身的教学特色。钱学森在交通大学的学习内容可以说是站在世界最顶尖的高度。最终在 1934 年 6 月的交通大学第三十四届毕业生典礼上，钱学森以总分 89.10 分，机械工程学院第一名的成绩毕业，并考取清华大学留美公费生，继续自己的科技救国道路。

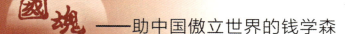
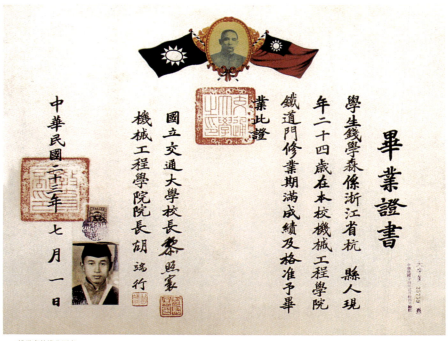

钱学森的毕业证书

国立交通大学颁
发给钱学森的英文版
毕业证书

图1-8 钱学森的国立交通大学毕业证书中英文版

第三节　民族安危坚定航空救国

1923 年，在中国第一架自行制造的飞机试飞后，孙中山写下了"航空救国"四个大字。航空救国即成为自"科教救国""实业救国"后又一个有着广泛影响和具体行动目标的救国主张。钱学森同众多伟大的爱国人士一样，在 1935 年便立定"航空救国"远大理想，决意为民族自立自强贡献自己的力量。

一、战火硝烟激发人生抉择

1931 年 9 月 18 日，是中国人民永远难忘的一天。当日晚上 10 时 20 分，日本关东军独立守备队第二大队第三中队所属的河本末守中尉率其部下，经过长时间密谋和精心策划，炸毁了沈阳北郊柳条湖附近的一段南满铁路，栽赃嫁祸于中国守军。以此为借口，日本关东军向中国军队发起猛烈攻击，炮轰沈阳北大营和兵工厂，这场战斗经历了 5 个多小时，日军占领了沈阳城。随后的短短 4 个多月内，中国东北全部沦陷，这就是震惊中外的九一八事变。

事件爆发后，由于国民党实行"攘外必先安内"的方针，使得学生们愤怒的矛头空前一致地指向了国民政府，国立交通大学原本宁静的校园被激烈的学生运动打破。尚且穿着学生制服的他们，组织了一个又一个的抗日救国团体，召集了一次又一次的示威游行和抵制日货运动，并且表示要与日本侵略者进行殊死搏斗。国民党非但无力抵抗日军的侵略，甚至还加大了对学生运动的镇压。国民政府关闭了多所大学，对一切信息的传播实行严格的审查制度。为了让学生们无心关注政治，他们修改了课程的设置，使得大部分的学生忙于应付各种繁杂的必修课和一场接一场的考试。国民党特务甚至在天还不亮的凌晨对学校宿舍和教室发起突击检查，搜查违禁品，逮捕思想激进的教授和学生。短短两年之间，全国有数百名知识分子被监禁，有的甚至被处决。钱学森亲眼目睹了国民党特务的暴行，对国民党政府不再抱有任何的幻想。

接踵而至的 1932 年冬天，中国的局势变得更为动荡。1932 年 1 月 28 日，日本军队借口"僧侣被殴"事件入驻上海闸北区，并对闸北进行了疯狂的轰炸。一时间，上海从繁华兴盛的国际都市沦落为横尸遍野、残垣断壁的战场。无数的工厂被迫停工，学校宣布停课，几十万的难民拖家带口外出避难。中国军队在与日军的交战中节节败退，空军力量更是不堪一击。虽然驻守上海的十九路军奋起抵抗，开始了长达一个多月的淞沪抗战。

一·二八事变失败的惨烈教训让年少的钱学森不得不重新审视当时中国所面临的危机。这场轰炸就发生在钱学森的身边，这几乎是他所经历过的最富戏剧性也最惊心动魄的事件。他眼见蒋介石、汪精卫承诺日本侵略军继续留驻上海，中日双方于1932年5月5日签订卖国的《淞沪停战协定》。他开始明白，现代国防事关中国的生死存亡。轰炸事件给他带来的冲击和震惊十分巨大，他痛感中国航空工业的落后及航空技术对国家安全的重要性，痛感中国必须拥有强大的航空工业，才能自立于世界民族之林。为此，他决意以"航空救国"贡献自己的力量，毅然将人生志向从"铁道救国"转向"航空救国"。

当时，如果钱学森顺利从大学毕业，并按部就班地从事自己的专业，成为一名优秀的铁路工程师，他完全可以过上非常优越的生活。但钱学森认为，人生有太多的事情值得去思索，不仅是自己的前途，还有整个国家的命运，他认为，航空就是未来，国防科技对于屡次遭受列强欺辱的中国更具有实际意义。作为有知识的新青年，理应去学习和掌握世界上最先进的科学技术。从那时起，他经常钻到图书馆里博览群书，并特别专注飞机、航空理论的书籍及航空技术的发展。

1933年，国立交通大学的威斯曼教授开设了航空工程课，立志"航空救国"的钱学森马上就报名参加了这门新的课程及其他航空方面的课程。他铁路与航空兼修，不仅圆满完成了火车头的毕业设计，还在航空课上取得了两学期平均分90分的优异成绩，是14名选修此课的学生中成绩最好的。除此之外，他还撰写、发表了多篇论文。

对航空领域初有心得的钱学森更加坚信，只有大力发展航空工业，捍卫中国领空主权，才能彻底使中国挺起脊梁。此时，年轻的钱学森获知，正有一个专门的奖学金项目，为中国最顶尖的学子提供去国外深造的机会。然而，他并不知道此时心中正萌生的求学计划将会改变未来的国际格局。

二、"庚款留美"造就绝世英才

1900 年是中国农历庚子年。面对西方列强对中国发起残酷无情的侵略，国内民间最底层的人自发组织了义和团运动，打起"扶清灭洋"的口号。此时，正当山东洪水暴发，大批的灾民无家可归、流离失所，义和团所到之处都会有避难的灾民加入，他们积极习武，身穿黄、红、黑三色制服。很快义和团主力攻进北京，对各国使馆进行了包围攻击。8 月 4 日，美、英、日、俄、法等八国组成了一支两万多人的联军，借口剿灭义和团。短短十天，八国联军进入北京，清军溃败而逃，北京城破。慈禧太后听闻"破城"消息大惊失色，带着光绪皇帝仓皇出逃。1901 年，农历辛丑年 9 月 7 日，清政府与列强国签订了丧权辱国的《辛丑条约》，被要求赔偿各国侵华军队 4.5 亿两白银，分 39 年还清。而当时中国的人口才仅仅有 4.5 亿，这就相当于每个中国人皆要交出一两纹银赔给列强，甚至连本带利高达 10 亿两纹银，折合 9.82 亿美元，史称"庚子赔款"。

在此次赔款中，美国连本带利一共分得了 4600 万美元，但是后来中国驻美公使发现，美国所领到的赔偿数额远远超出了其本来花费的一倍。于是，在中国与美国的多次协商下，美国答应归还中国多余的赔款，但要通过办学的方式设立一个可以让中国学生去美国留学的奖学金。美国人认为，让中国学生接受美国式的教育，使他们从精神层面认同支持美国，通过控制中国人的思想来进一步统治中国。

经过四年艰难的商讨，1909 年，"庚款留美"项目正式设立，由清华大学负责选拔国内最优秀的大学生送去美国，让他们接受国际上最先进的科学教育。这些学生在美国的学习生活，则由在纽约的留学生协会来管理。

这个留学项目培养了大量人才。第一批的奖学金获得者中，有后来中国近代生物学的奠基人秉志、浙江大学的校长竺可桢，以及新文化运动的领导人之一胡适。

九一八事变和一·二八事变爆发以后，钱学森在国立交通大学学习航空课程的同时，也关注当时国际和国内航空工业的发展。在当时，日本的航空工业空前发达，三菱重工、日立公司等飞机制造公司如雨后春笋般崛起，带动着日本国内整个飞机制造业的强盛。一·二八事变爆发时，日本的飞机有 2000 架之多，而且战力强悍，反观中国只有 200 多架，能够保证正常起飞的甚至不足 100 架。中国国内一家飞机设计制造厂也没有，就连飞机维修厂也屈指可数。

怀揣着"航空救国"的理想，1934 年 8 月，钱学森到清华大学设在南京中央大学的考场参加"庚款留美"奖学金考试。大学毕业以后通过公费留美去学习航空工程和相关的先进技术，很自然地成为他下一步深造和工作方向的首选，他毅然报考了航空专业。

考试从上午 8 时一直考到下午 5 时，中间只有很短的午餐休息时间。航空专业考试分两大部分：其中科学部分占考卷内容的 80%，包括数学、力学、热工学、航空工程、机械原理及机械设计；人文部分占 20%，包括世界史、国语、口语和写作、英语和第二外语，以及对国民政府的认识等。考完科学部分的五门内容后，钱学森感到很累，考题确实有难度，对于人文部分他感觉考得还算顺利。

钱学森的成绩并非拔尖，清华大学毕业的赵九章、王竹溪等人要比他更胜一筹，但是在航空方面独具天分的他，在"航空工程"一门的考试中获得了 87 分的高分。当时清华大学负责选派留学生的是叶企孙教授，他是一位知名的物理学家，时任校务委员会主任委员、理学院院长、特种研究所主席。他指导和选派过多名留学生，很有眼力。当得知钱学森从大学三年级开始就陆续发表一些有关飞机、飞艇方面的文章，如美国大飞船失事和美国建筑飞船的研究、当时飞机炮的发展等时，叶企孙教授破格录取了他，但当时的钱学森并不知情。

能够享受这项奖学金的学生凤毛麟角，只有最优秀的 20

图 1-9   出国留学前的钱学森

名学生才可以获此殊荣，并且需要来自全国各地的大学生激烈地角逐这 20 个名额。在通告发布之前，人们纷纷聚集于通告栏前，神情或忧虑或期待，竟是把道路堵了个水泄不通。许久，榜单终于公布，只见一行大字——国立清华大学考选留美公费生揭晓通告。此次选拔涉及社会科学和自然科学两大领域，兼容文理工三科，每专业只取一人，可以想象脱颖而出之艰难。钱学森此时正在杭州的家中，当传来喜讯他顺利考取了公费留美的航空专业时，他的心情既愉悦又沉重，他深知选择航空专业对于解救正处于水深火热之中的祖国的意义。

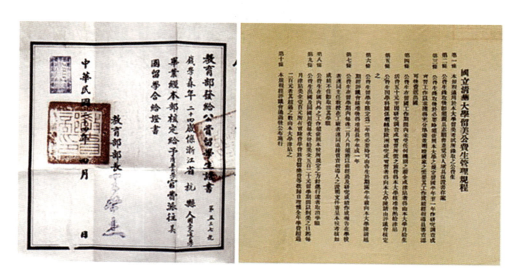

图 1-10　国民政府教育部颁发给钱学森的公费留学证书（左）；当时国立清华大学留美公费生管理规程（右）

在开始航空专业的学习前，钱学森和同学们来到了北京青龙桥火车站，这里有中国人自己设计的第一条铁路。它像一条长龙蜿蜒于八达岭的崇山峻岭间，钱学森向修建这条铁路的前辈——留美工程师詹天佑的雕像深深地鞠了一躬，也向他苦读了四年的铁道专业作了最后的告别。他就要从航空专业开始新的起飞了。报考航空专业是钱学森一生当中最重要的一次选择，如果不是报考这个专业，他或许与赴美留学失之交臂，而这个选择对他来讲是攸关命运的。

1934 年至 1935 年，钱学森按照清华大学的规定，先后到杭州、南昌、南京、上海等地的飞机制造厂和修理厂实习。钱学森被安排到杭州中央飞机制造厂、南昌第二航空修理厂和南京第一航空修理厂工作实习，后转到上海海军制造飞机处实习，最后再到清华大学机械工程系刚刚设立的航空工程组接受导师辅导。这期间，钱学森学习到了很多全新的航空知识，他不断地从工作中认知，从实践中总结。这段经历为钱学森打下了一个坚实的专业基础。

图 1-11　1934 年，国立交通大学分发京沪各路的实习名单，钱学森赴杭州中央飞机制造公司等多处进行了为期 1 年的实地考察和进修

　　家住杭州市区的钱学森第一个实习地是在距离杭州市中心 11 公里的东北郊——笕桥，清朝末年清军八旗彪马队和炮营厂就建于此。1931 年年底，国民政府将清军炮营厂改为军用机场，并建中央航空学校。这座曾与陆军黄埔军校齐名的军校

在抗日战争中发挥了重要的作用。

钱学森到来时，中央航空学校由美军的一个飞行员特遣小组管理。这里的设备都很新，有可容纳130人的学生宿舍，单独搭建的大飞机库、引擎修理厂和飞机修理厂，校内还有30架由美国运来的霍克双翼战机。钱学森在笕桥见到了他人生中的一位重要导师王助。王助字禹朋，毕业于美国麻省理工学院航空工程系，1917年成为美国波音公司聘任的第一任总工程师，1934年6月在笕桥出任中央杭州飞机制造公司中方监理，是我国早年的航空工程师。他无比重视工程技术实践和制造工艺的教诲给予钱学森深刻的印象。

1934年12月9日，钱学森在给清华大学校方联系的信中写道：

> 学森即到厂开始工作：初一星期在厂中各部见习以了解其整体概况，明了飞机各部机件制造程序及其分配工作办法，尤注意于合装配部，研究每一机件之功用，如是者一星期随时学习对飞机制造方法，已知其大概。第二星期即开始在各部分别详细学习，自土木部开始亦已一星期矣，王禹朋先生闲暇时授学森以实际飞机设计之方法及如何阅读工程杂志及实验报告。

1935年5月，钱学森从笕桥奔赴南昌拜见了导师钱昌祚，并到第二航空修理厂参观实习，继而去南京第一航空修理厂，6月又到上海海军制造飞机处实习。这一段实习经历使钱学森对宇宙充满了好奇和探索之心。

第四节　少年呐喊征服浩瀚宇宙

跨入航空领域学习，使钱学森的视角从地面转到了天空。然而这仅仅只是个开始，在深入研究和实践之后，当手指触摸到飞机的时刻，他思索人类的高度绝不仅此，他已经将眼光瞄向了更高、更远的地方——太空。

一、火箭畅想渴望征服宇宙

在南昌实习期间，钱学森拜见了导师钱昌祚。钱昌祚是钱学森呐喊征服宇宙的道路中的一位伯乐。1934 年 11 月 2 日，钱昌祚在致清华大学校长梅贻琦的信函中提及："……至于录取钱学森将来拟建议派赴 MIT（麻省理工学院），……且为易于选课起见，似可仿照上届航空工程之生办法于五月间放洋，先入暑校习毕各项大学部未了课程，俾研究部求学时可减至一年或年半，可否之处仍祈酌核，至于钱君在国内服务之指导似不必令其远道来赣面商，请将其在校时成绩单及报考相片抄寄一份备查，俾可函介先至京杭厂实习，候有便时再约其晤谈也……"从钱昌祚的这封信可以看出，钱学森后来赴美国进入麻省理工学院学习，是钱昌祚的安排。

实习期间，钱学森于 1935 年 7 月在《浙江青年》上发表了名为《火箭》的文章，文中写道：

在一个晴朗的夏夜，望着繁密的闪闪群星有一种可望而不可即的失望吧，我们真的如此可怜吗，不，绝不，我们必须征服宇宙，我们有办法吗？有的，火箭，火箭，火箭不是我们在新年玩的一种焰火吗？不是一个桅杆头上有一个像火炮一样的东西，当你把火药先点着的时候，就是一道火花向下喷出，同时火箭也就上升，直升到火药烧完没有火花喷出了才慢慢地落下来，但是这个小玩意就是征服空间、征服宇宙的开端啊。科学家想出一个脱壳的火箭，就是在第一个最小的火箭中燃料以外还载有各种操作仪器，在这个火箭外面再套上第二个火箭，这个火箭比第一个大，只带燃料，在这个火箭外面再套上第三个火箭，这个比第二个又大一些，也是只带燃料，发射的时候先点第三个最大的火箭，这三个东西一起升起，等到第三个火箭的燃料用完，驾驶员就把这个火箭和第二个火箭的连接放开，舍弃这个空火箭，同时把第二个火箭点着继续前进。等到第二个火箭的燃料又用完了，又把它舍弃，同时将第一个火箭点着继续前进，如此就可以免去空火箭的坠落节省不少燃料，这三个套成的火箭已经够跑出地球引力范围之外了，但是如果到月球旅行还得加上一个，以备从月球回到地球用，如果到火星去呢，需加上两个。

他一语惊人地指出，"现在是天空的时代……（火箭）是征服空间，征服宇宙的开端"，极具科学性和前瞻性。这些论文体现了钱学森对现代科技丰富的想象力、敏锐的洞察力和敢于开拓未知领域的巨大勇气与创新精神。

经过实习，钱学森对于飞机有了许多感性的认识。他在结束实习之后，回到离别已经5年的北京。

通过大量阅读，潜心研究，钱学森在赴美留学前，已发表《美国大飞船失事及美国建筑飞船的原因》《飞行的印刷所》《最近飞机炮之发展》《气船与飞机之比较及气船将来发展之途径》《火箭》等五篇航空方面的论文。

二、心系救国远赴彼岸求学

在"航空救国"的口号下，1933年，作为国民党政府航空委员会技术处处长的钱昌祚提出，航空"工程师之训练，宜于工科大学设立航空工程学系，即军官出身者，亦可送至大学训练，可利用工科大学之普通工程设备，得有良好之基础"。这样，1934年，航空委员会召开航空技术会议，决定协助各大学设立航空工程学系。

1934年，清华大学在机械工程学系设立了"航空工程组"，相当于航空工程专业。聘请了世界著名航空专家华敦德博士来校任教。他在清华工作了近两年，为清华大学航空工程专业做了开创性工作。王助、庄前鼎、王士倬、李辑祥、冯桂连、殷文友教授，也加入了这一新兴的专业，开设理论空气力学、飞机工程、飞机机架设计、内燃机实验、飞机机架实验等课程。

1935年7月，在清华大学，钱学森面见导师王士倬教授。王士倬只比钱学森大六岁。跟王助一样，王士倬也是在美国麻省理工学院获得航空工程硕士。他主持设计、建造了中国第一座风洞，是中国航空事业先驱人物之一。

清华的学习对钱学森的影响很深，导师不仅注意引导钱学森重视航空工程实践和制造工艺，而且非常注意引导这位即将留学海外的学生全面了解祖国的历史和灿烂的古代文明，他们在课程当中穿插讲授了大量中国古代航空和火箭技术的历史，从三国的火箭兵器，唐代的火药火箭，到元代以固体黑火药为推进器，借助于反作用力发射的火箭，还讲到了明代初期利用47支火箭亲自体验进行飞行实验的万户的故事，他被世界公认为是利用火箭作为飞天运载工具的第一人。导师的讲述使钱学森深受教育，他进一步了解了古代先人在航空科学技术方面所做的开创性的努力和所取得的举世瞩目的成就，认识到中华民族对人类文明所作出的巨大贡献。英国科学家李约瑟博士在他的《中国技术史》中写到，公元前3世纪至13世纪这一千多年当中，在科学的发现、技术的发明方面，中国往往遥遥领先，而让西方望尘莫及。

在叶企孙、钱昌祚、王助、王士倬等老师的指导下，毕业于铁道工程专业的钱学森，终于迈入航空工程的大门。8 个月的实习结束后，钱学森也办理好了出国所需要的手续，从杭州赶到了上海。

1935 年 8 月 20 日傍晚，海浪一层层从远处西下的残阳处奔涌而来，冲刷在码头上，托着"杰克逊总统号"邮轮也随之摇摆。

钱学森与父亲来到码头，在父亲深切关爱的目光下登上了"杰克逊总统号"邮轮，从这里奔向大洋彼岸。与钱学森同行的还有 20 名来自全国各地的清华大学留美学生，其中有 10 名是 1934 年录取的留美公费生，除钱学森外，还有曾炳钧、戴世光、杨绍震、徐芝纶、时钧、赵铸、黄开禄、宋作楠、孙令衔。另有 11 名是谢兆芬、雷光翰、赵夔、陈允微、丘中文、朱民生、卓牟来、朱宝镇、祝新民、柳无垢、周惠允。他们有些人甚至是第一次见面。

"杰克逊总统号"邮轮缓缓驶离了码头，钱学森在甲板上凝望了父亲良久，直到那熟悉的身影渐渐消失在远方。此刻，钱学森思绪万千，心中既激动却又带着惆怅，那海天一般的蓝色，正是他日思夜想的航空梦。但想到去年夏天离世的母亲，想到孑然一身的父亲，又不禁潸然泪下。

经过了 14 个昼夜，"杰克逊总统号"邮轮终于在 1935 年 9 月 3 日到达西雅图，21 位留学生在邮轮的舷梯上拍下了一张

图 1-12　1935 年，钱学森登上"杰克逊总统号"邮轮赴美留学

珍贵的合影。这是一群心气很高的优秀青年，看上去都是满腹经纶、春风得意的样子。正是这群看起来稚气未脱的学子，后来都成为了中国屹立于世界强国之林最有力的支撑。

上岸后全体同学在赴美清华老学友的接待下留宿西雅图一日，第二天便奔赴各自的学校。钱学森于 9 月 4 日乘专车到达芝加哥，又辗转到美国东海岸举世瞩目的大学城——马萨诸塞

图1-13 "杰克逊总统号"邮轮抵达西雅图后，钱学森与其他20名留美公费生合影

州首府波士顿的坎布里奇市。他终于走进了麻省理工学院，到航空系攻读硕士学位。

第二章

华夏情怀

钱学森是中国航天的奠基人，但在国际学术界和中国人民的心中，他都是当之无愧的"中国航天之父"。但不被人们所知的是，钱学森同样也是美国航天科学的奠基人之一。正如美国专栏作家米尔顿·维奥斯特所说："他是帮助美国成为第一流强国的科学家银河中的一颗明亮的星。"在留美期间的三年学习和十七年工作中，钱学森在学术和工程上取得了一系列引领世界的革命性突破，一些科技成果为人类反法西斯战争胜利作出不可磨灭的贡献。这时的钱学森虽身在海外，但他坚定的归国信念以及浓厚的报国之情从未改变，支撑他从美国突破重重阻碍返回祖国。万山之重，难阻科技强国梦；重洋之险，不改赤子归国心。

钱学森在美国加州理工学院执教期间留影

第一节 "火箭俱乐部"开启探空先河

钱学森曾在著名的"火箭俱乐部"学习和生活，这是一个由机械工程师、化学专家、燃料专家、动力学专家等来自不同专业领域的优秀科学家组成的团队。这段经历不仅让钱学森打下坚实的理论基础，也让他收获了友谊。钱学森在晚年时常回想起这个团队，感叹科学家不能单打独斗，强调科学家共同体的重要意义。

一、师从巨擘点亮全新视野

钱学森进入麻省理工学院之后被分配在航空工程系，学习的专业是飞机设计。当时麻省理工学院航空工程系已经聚集了好几位航空业界的开路先锋，研究航空工程的机械工程系主任亨赛克也在其中，这位教授对飞艇设计有独到的研究，曾亲自监制第一艘飞跃大西洋的 NC4 飞艇。其多位校友也已在方兴未艾的航空工业中崭露头角，日后都成为家喻户晓的人物。

图 2-1　1935 年，钱学森进入美国麻省理工学院学习

　　钱学森只用了一年时间就拿到了麻省理工学院航空工程系硕士学位，该院教授欧波建议钱学森先入航空工业就业，有了一些实践经验后再回来攻读博士学位。但是 1935 年美国通过了中立法案，对出售武器给交战中的国家设限，这直接影响了飞机的生产。钱学森的同学曾集体写信向飞机公司求职但他们得到的回应几乎千篇一律——没有空缺。更何况当时的美国飞机工厂弥漫着对亚洲人的仇视与偏见，他们不欢迎中国人在那里找工作。是不是留在麻省理工继续攻读博士，钱学森有些犹

豫。他感觉自己在某些方面与麻省理工有些不太合拍，钱学森自幼在中国的书斋里成长，喜欢徜徉于思维的海洋里，喜欢动脑动笔，求索严谨而完美的结果；而他的美国同学却从小就不安分，习惯在家敲敲打打，在谷仓、地下室、车库里用汽车、自行车、收音机零件做实验。钱学森有一次跟朋友说，美国人生下来就拿着扳手，他有时暗地里发牢骚，本来指望在麻省理工跟随一位伟大的数学家求学，但碰到的教授都是冒险家。

1936 年 8 月，钱学森拿到硕士学位后决定离开麻省理工学院，寻找另一所愿意接受他做博士研究的美国学校。美国唯一能在航空系设备和声望上与麻省理工学院并驾齐驱的学校就只有加州理工学院，这所学校不及麻省理工学院有名，且远在美国的另一片海岸，但那里有大名鼎鼎的冯·卡门——航空系主任兼航空实验室负责人。

1936 年 10 月，钱学森拎着行李，只身西行，从美国东北部的波士顿来到美国西南部的洛杉矶，直奔加州理工学院，寻访他仰慕已久的冯·卡门。冯·卡门是生于匈牙利的犹太人，1906 年进入德国哥廷根大学机械研究所，跟随应用力学的创始人勃朗特教授攻读博士学位。1911 年，冯·卡门在勃朗特教授的指导下，通过各种风动实验，经由数学计算和分析，发现机翼穿过气流时会产生两股平行的气旋造成一种阻力，从而完成著名的卡门涡街等多项空气动力学的研究。

1922 年，勃朗特让贤，推荐冯·卡门接替他在哥廷根大学应用机械研究中心主任的重要职务。1930 年，德国反犹太人的态势日益紧张，冯·卡门预感不祥，并应加州理工学院领导卡拉克·米粒肯教授的聘请移居美国，他把哥廷根民主自由的学风以及德国先进的航空理论和技术成就带到了美国。冯·卡门是加州理工学院航空系的天才和精英，他的努力使加州理工学院跃居为美国航空活动的神经中枢，冯·卡门对航空学还有几项重大的贡献。他为深受好评的 CD3 飞机设计了一种简单有效的风阻整流片，他计算出如何在表面安置加强条使金属不至于在压力下扭曲，帮助飞机制造业把飞机材质从木材与布匹改进为铁皮，他完成了稳流与表面摩擦力的基本定律，在这一方面他的成就超过了钻研同一问题多年的他的老师勃朗特，虽然他的英语讲得很蹩脚，但他却是学院里最受欢迎的教授，讲课时他指手画脚，声情并茂很有煽动力，他新奇的思想和天才的演说使学生如痴如醉。有时他以极为巧妙的手法在课堂上解出一道思路复杂的方程式，全体学生会像观赏精彩的运动比赛一般爆出如雷般的掌声。所有的学生都崇拜他，冯·卡门的个人魅力使得很多研究生都竭尽所能地争取他的认可，一听说他要来巡视，即使散漫成性的学生也会立刻在各自的教室里各就各位。

10 月的一天，25 岁的钱学森敲开了冯·卡门办公室的门。冯·卡门在他的回忆录里写道，1936 年的一天，他来看我，征询关于进一步进行学术研究的意见，这是我们第一次见面。

我抬头看到一位个子不高仪表严肃的年轻人，他异常准确地回答了我的问题，他思维的敏捷和富于智慧顿时给我留下了深刻的印象，我建议他转到加州理工学院来继续深造。

钱学森立即接受了冯·卡门的建议，很快便在加州理工学院定居。他写信给父亲说，我从 10 月份起留学加州理工学院，投师于非常杰出的空气动力学权威冯·卡门，冯·卡门教授于加州理工学院主持航空学习，全世界的科学界对于这位大师都极为向往，大师的治学态度极为认真，只有基础扎实最守纪律的学生如德国人、日本人和我们中国人才有资格在他的手下从事研究工作。总之，冯·卡门的谦逊热情和对事业一丝不苟的态度，以及严谨的治学精神都给人很大的影响。而钱学森将追随这位大师攻读空气动力学，也将在这位大师身边度过他一生事业具有关键意义的时光。

钱学森的欣喜若狂、高兴得意尽显于纸上，不得不说年轻的钱学森有着非常老道的眼光，他对自己人生第二次重大选择的未来预期有着异常准确的计算。正如他自己所说，选择冯·卡门作为导师，对他一生的事业具有关键意义。

从此，55 岁的冯·卡门有了一个 25 岁的中国弟子，在他的指导下钱学森在加州理工学院开始了他的博士学位的求学生涯。可以说，钱学森学术水平和成就的奠基，正始于冯·卡门为他提供了这样一个学术发展和才华发挥的平台。钱学森在冯·卡门那里度过了长达十年的美好时光。冯·卡门这样评价过钱学森，他在许多数学问题上和我一起工作，我发现他非常富有想象力，他具有较高的数学天赋，能准确洞察自然现象，具有非凡的物理图像结合能力。作为一个青年学生，他已经在不少艰深的命题上帮助我厘清一些理念，使一些很艰难的命题变得豁然开朗，这种天资是我所少见的，因而他成了我亲密的同事。

二、"火箭俱乐部" 迸发灵感创新

早在大学时期，钱学森就一直关注最前沿火箭技术的进展，赴美留学后依旧保持对火箭技术的专注和研究，并意识到它对军事的重要作用。而 20 世纪 30 年代，火箭技术在美国还属于探索阶段。1936 年，在加州理工学院，钱学森与冯·卡门名下几位优秀的学生自发组成"火箭俱乐部"兴趣小组，他对火箭飞行的理论计算进行了深入推导，使火箭飞行的想法日臻成熟。"火箭俱乐部"的成员后来大都成了航天领域伟大的贡献者和开拓者。虽然"火箭俱乐部"只是一个学生自发的兴趣小组，但它的许多创新、研究和成果引起了各个方面的关注，尤其是他们试制的一些火箭和导弹产品得到了美国军方的认同，并随之产生了许多军事订单。

然而，"火箭俱乐部"的发展成熟并非是一帆风顺的。美国洛杉矶的帕萨蒂娜郊外，有一条干涸布满沙石的河谷，人称阿罗约赛克，这里离学校很远，即使发生再大的爆炸声，也不

图 2-2　1936 年，冯·卡门的几位学生自发成立了"火箭俱乐部"，钱学森（左二）是核心成员

会引起学校的恐慌。清冷的晨风中，有五个人影在隐隐晃动，中午时分，河谷西岸，搭起了一座粗糙的火箭测试台，一切静悄悄的，只有河谷里废弃的水坝与毫无表情的白色闸门为他们把风。这五个人是被他们的导师冯·卡门撵到这片黄石滩上来的，前几天的一场大爆炸险些要了他们的命，也把一向清静的加州理工学院搅了个鸡飞狗跳，他们是学院里的一个草根组织——"火箭俱乐部"，成员包括马利纳、史密斯、帕森、福尔曼和钱学森。马利纳和史密斯是航空工程系的研究生，负责火箭总体设计；帕森学化学，负责研制火箭燃料；福尔曼擅长机械设计，负责搞火箭结构，这四个人是小组最早的铁杆，但四人中，恰恰缺少搞理论和计算的，于是和钱学森一个研究室的史密斯毫不犹豫地举荐了有此专长的钱学森，1937 年的春

天，钱学森成了"火箭俱乐部"的第五个铁杆。这个草根组织在校园里极不受待见，因为20世纪30年代很少人把火箭当作值得努力开拓的科学领域，大多数人都认为这是科幻小说和好莱坞片商才感兴趣的玩闹把戏。马利纳曾打算以探测火箭的飞行特征为题撰写博士论文，他的老师不但一口回绝了他的计划，甚至还建议他早点休学，或干脆到飞机公司找工作。幸好冯·卡门很欣赏马利纳的观念，同意指导他的论文。在冯·卡门的庇护下，"火箭俱乐部"勇敢地开展活动，最终由于没有经费支持，他们有的人到学校打零工，有的人去垃圾场捡废料，甚至还有人窝在厨房里写科幻小说，希望能卖给好莱坞制片厂换钱。就在他们因筹不到购买两件仪器所需的120美元几乎要放弃火箭研制计划的时候，他们得到了气象系一位好心同学阿姆德一千美元的捐助，才得以渡过难关，敲敲打打地做出了实验用品，好不容易置下了一点瓶瓶罐罐的家当。

不料在动手做火箭实验时，他们闯了大祸，先是马利纳和史密斯不慎在化学馆外绿荫如毯的草坪上打翻了一瓶做氧化剂用的四氧化二氮，留下一大片焦涸的痕迹，惹恼了园丁。接着他们在古根海姆实验大楼做火箭发动机实验时又发生了事故，四氧化二氮和酒精的混合物点不着，喷出很多红色的泡沫和又腥又臭的气体，搞的大楼里一片乌烟瘴气。楼里的学生惊叫着从教室里逃出来，马利纳说，恐怕大楼里连老鼠都跑光了。带有腐蚀性的气体把实验室里所有暴露在外的金属表面都氧化了，航空系所有贵重的仪器设备都蒙上了一层红锈。俱乐部的成员们手忙脚乱地想用抹布把锈擦掉，但无济于事，大多数设备还是被毁了。更严重的一次是，火箭发动机点火三秒后突然爆炸，轰隆一声巨响，整个大楼晃动起来，震碎了的窗户玻璃噼里啪啦四处飞溅，火光浓烟气浪夹杂在晕头转向、跟跟跄跄夺路而逃的人群中，吓得校园里的人以为遭到轰炸或发生了地震。爆炸将一个仪器的零件炸飞，从马利纳常在的位置上飞过去，深深地嵌进了墙壁，幸亏他给冯·卡门送打字机去了，才逃过了这场劫难。从此"火箭俱乐部"被学校废除，校方禁止他们再踏入校园实验室一步，存放在实验大楼地下室里的简陋仪器和可怜的其他家当也被扔在大楼东侧的混凝土运货平台上，任凭风吹雨打。先前他们曾利用楼梯间的空隙，在楼顶天花板上吊了四根钢丝，中间栓上一个方形的铁丝网片，在网片上水平安置了一枚八英寸长的小火箭，如此构成一个长达五十英尺的摆锤，当火箭发射时，引起摆锤摆动的幅度可供计算火箭的推力。闯祸后，这个小火箭摆锤只好挂在室外一根突出的房梁上，偶有一阵风吹来，摆锤把墙壁碰的叮当作响。五人并不死心，他们拖着沉重的油槽和其他装备，前往距离学校几英里远的阿罗约赛克河谷，继续他们的"危险行动"。

加州理工学院的校园里到处传诵着"火箭俱乐部"的英雄事迹，他们被戏称为"敢死队"和"自杀俱乐部"。冯·卡门曾感慨地说，"火箭俱乐部"在那里连续干了一年，大部分时间用于研究各种火箭推进剂的性能，那里根本没有什么技术规范的文献资料，所以"火箭俱乐部"一切都得用分析法和试错法从头做起，钱学森在"敢死队"里理所当然地充当着专职数学家和理论家的角色。1937年5月29日，他完成了一份题目很长的报告——《火箭发动机喷管扩散角对推力影响的计算》，这份报告描述了一个燃烧式和废弃喷嘴大小都固定的理想火箭的理论模型。结论指出，火箭尾端喷出的火焰周径要小，才能在太空中集中推力；火焰面积过大，则易导致火箭失控。钱学森的报告收在被"火箭俱乐部"封为《圣经》的一本实验报告汇集里，成为他们研究工作的基础。钱学森在马利纳的帮助下，完成了博士论文中一篇火箭飞行的研究报告，并指导"火箭俱乐部"的工作。钱学森详尽地推算出，采用固体推进剂进行多次快速燃烧排气而获得耐冲式推力，可使火箭达到三万米的高度。而他的前辈根据静态燃烧实验所作出的估计，火箭只能飞到三千米，根本无法进行太空实验。

三、科技团队开启探空先河

1938年5月，"火箭俱乐部"的努力有了回报，他们的火箭发动机运转了整整一分钟，响亮的轰鸣声吸引了全校师生围观，美国军方之后也注意到"火箭俱乐部"卓有成效的工作。当时欧洲上空云谲波诡，军人敏锐的嗅觉使他们立即意识到火箭对未来战争将具有重要的作用。当年年底，陆军航空兵司令阿诺德将军邀请冯·卡门和学校领导米粒肯前往华盛顿参加国家科学院下属空军研究委员会会议，加州理工学院从五个研究计划中选择了一项，即重型轰炸机火箭助推起飞装置科研项目。这个项目的目的是使一些重型轰炸机能够在小型机场起飞，太平洋上许多岛屿都有这种小型机场，这一项目理所当然地交给了校内唯一从事火箭研究的钱学森他们。1939 年 1 月，"火箭俱乐部"得到了国家科学院拨给的一千美元经费用以开发固体和液体火箭发动机推进剂，以及研制耐高温的火箭发动机。半年后，他们又得到了第二笔一万美元的资助，任务是在一年内建成一个发动机实验站并采购材料，继续研究发动机推进剂。冯·卡门认为，能得到官方交给的科研项目证明了国家对"火箭俱乐部"的首肯，因此应该给这个组织正正名了，所以他决定把"火箭俱乐部"改名为"喷气推进实验室"，自己担任主任。在那以后，从 1939 年至 1944 年，冯·卡门一直担任这个实验室的主任。实验室最初设立弹道、材料、推进、结构等四个研究组，钱学森负责推进组，并与同事史都华共同管理弹道组。

加州理工学院校报的头版刊登了一篇"火箭俱乐部"的报道，其中包含了钱学森对火箭未来的一些想法，"计划中的火箭将分为三个独立部分，从空气密度较高的低层大气向上上升的过程中，将消耗大量能量，一旦飞过低层大气，火箭会抛弃已经无用的第一级，使用较少的燃料便能继续上升，最后在一个预订的时间，第二级火箭也会被甩掉，火箭将在更高的空间实现滑行"。回看今天，中国的深空探测火箭使用的就是这样的方法。而这是1938年的钱学森对火箭的认识。

之后，钱学森同"火箭俱乐部"其他成员的共同努力，收获颇丰，发表了一系列具有预见性的论文。在钱学森随美国军事考察团赴德审问著名空气动力学家鲁道夫·赫尔曼的过程中发现，赫尔曼设计火箭所采用的关键理论与技术，竟然运用了他两年前发表的一篇名为《超声速气流中锥形体的压力分布》的论文的内容。

钱学森加入"火箭俱乐部"，他的思想和理论让人们曾认为只会出现在科幻电影中的"火箭"逐渐被接受和相信，随着这个被人们戏称为"自杀俱乐部"的一系列研究成果的发表，"火箭俱乐部"逐渐被世人重视，尤其是美国军方提供了大力支持，使"火箭俱乐部"为美国国防部的军事战略贡献力量。

第二节　喷气推进助力二战胜利

第二次世界大战即世界反法西斯战争是人类历史上最伟大的正义之战，它给全人类留下的历史启迪也最为珍贵。面对这场正义与邪恶激烈交锋、良知与罪恶深度博弈、理性与狂热殊死较量的战争，千千万万中国人民作出了巨大的民族牺牲和重要的历史贡献。钱学森怀着科技报国的梦想和对人类和平正义的坚定捍卫，以自己的聪明才智和满腔热血，在航空工程、空气动力学、薄壳稳定性、喷气推进技术等方面取得了令世人瞩目的开创性成就，为提升反法西斯战略同盟的战斗力，加速世界反法西斯战争胜利及推动人类和平与进步作出了独特的贡献，体现了剔透的科学良心和崇高的价值坚守，堪称战胜法西斯主义，捍卫人类尊严、正义的科学先锋与幕后功臣。

一、科学耕耘助推世界和平

20 世纪 30 年代，飞机设计大多依靠设计师的经验，各国科学家开始致力于航空理论的研究，以期指导航空工业的发展。钱学森跟随冯·卡门学习航空理论可谓恰逢其时。1938年，钱学森与冯·卡门在美国《航空科学杂志》上发表了《可压缩流体边界流层》一文，该文从理论上预见了实现高速飞行面临的热障问题，奠定了飞机实现高速飞行的基础。同年10 月，他在《航空科学杂志》上发表了《倾斜旋转体上方的超音速流》，该文讨论了以超音速飞行的尖头抛射体的抬升过程，并发现在以固定速度飞行时这种升力与攻角成正比。1939年，他又在该杂志上发表了一篇题为《二维空间下压缩流体的亚音速流动》的文章，正是这篇文章提出了著名的"卡门—钱近似公式"，该公式不仅能比较简便、精确地估算出翼型上的压力分布情况，同时还估算出该翼型的临界马赫数值。当时飞机的构造变得越来越复杂，速度越来越快，飞机会出现

"压缩效应",飞行员开始体会到空气中的猛烈震动,这种现象有时会令飞机突然失去升力,从半空中急坠。部分轰炸机出现极为严重的震颤现象,甚至造成尾翼断裂。在该公式问世前,飞机工程师大多应用"普朗特—格劳特公式",但它只能计算出相当于音速一半时气流的扰动近似值,结果并不理想,飞机的成功设计更多源于设计师的经验。因此,设计师需要借助更加科学的理论来指导飞机设计,而"卡门—钱近似公式"可以帮助他们校正因为简化而导致的误差,成为反法西斯战争期间及之后很长一段时间工程师设计高速飞行器不可或缺的公式。当时航空工业正处在从老式的螺旋桨飞机向超音速的喷气式飞机发展的时期,世界各国飞机的飞行速度和高度是空军实力对比强弱和空战胜负的关键。法西斯德国建立了独裁政权,非常重视空军发展,而其他国家航空工业并不发达,无论是理论还是工程技术都与德国和日本相差甚远。而反法西斯战争全面开战后,美国航空工业迅速发展,战斗机性能反超日本,这都与钱学森在空气动力学与喷气推进技术等领域的成就密不可分。此时,祖国正陷入艰苦卓绝的抗日战争,钱学森虽然远隔重洋,但他以独特的方式与同胞并肩抗战。1940年,他向成都航空研究局寄送了一份论文,其中包含"卡门—钱近似公式",期望它能够提升中国空军力量,以此抗击日本法西斯。

1940年至1941年,钱学森撰写了多篇关于球体外壳、薄圆球体外壳和圆柱结构屈曲问题的论文。彼时空军力量对战争

$$C_p = \frac{C_{p0}}{\sqrt{1-M_\infty^2} + \frac{M_\infty^2}{1+\sqrt{1-M_\infty^2}}\frac{C_{p0}}{2}}$$

图2-3　1939年，钱学森和导师西奥多·冯·卡门提出的"卡门—钱近似公式"

作用明显，交战各国都在设法提高飞机性能，欲采用轻薄的金属制造飞机的壳体，但金属壳体若过于轻薄就有可能皱瘪，发生屈曲而失稳。这就要求工程师精确了解不同材料的特点及预测最可能发生屈曲问题的结构位置，以便设计出高性能的飞机结构。虽然航空设计中有了经典线性理论，但此方法得出的结果通常误差较大（有的误差达到4倍），可应用性不强。在对薄壳理论的相关研究成果进行系统分析的基础上，钱学森敏锐地察觉到非平板式的金属壳体受到外界的干扰时会被激发而发生位能的高低跃变。他指出，仅仅关注经典线性理论所给出的"上"屈曲载荷的准确数值还不够，还要找出使壳体发生有限变形时"下"屈曲载荷的准确数值。经过大量的实验分析，后者的计算结果更加接近于试验值，可作为飞机设计的重要依据。这一理论立即得到了学术界和工程界广泛认可。1942年，经过艰苦探索，钱学森同他的导师冯·卡门一起成功建设了除德国以外第一个持续运转的超音速风洞实验室，同时承担设计的数学计算和实验室使用和管理，对后续音速飞行体的试验和设计工作提供了强有力的帮助。

钱学森经过不懈探索，在空气动力学领域取得了巨大学术成就，解决了空气动力压缩效应与薄壳稳定性等航空领域面临的难题；发现"热障"理论，为高速空气动力学作出了重要的贡献，奠定了他被世界公认的一流空气动力学家的地位，为日后参与军工项目研究，进而为世界反法西斯战争作出了巨大贡献打下了坚实基础。

二、知识武器加入反战浪潮

不论是国内还是国外，钱学森都坚持把自身命运同维护人类正义融为一体，义无反顾地加入捍卫世界和平的浪潮。在反法西斯战争中，空军在战争中的作用日益明显，德国的飞机让反法西斯国家节节败退，欧洲局势不容乐观；中国人民正与拥有强大空军、配备先进武器的日本法西斯殊死搏斗，一场维护正义的战争全面展开。此时祖国急需优秀的军事人才和先进的武器装备，钱学森意识到他虽然不能上阵杀敌，但可以充分利用自己的学术特长，抢占科技高地，提高盟国空中力量，用最有效、最擅长的方式加入到全人类反法西斯的浪潮中。

1938 年 12 月，钱学森和马利纳合作发表《探空火箭的飞行分析》一文，文章中提出一个可以重新装载的使用固态燃料黑色火药的火箭引擎设想，它可以通过一系列爆炸为火箭提供推进力，而不是像液体燃料那样持续燃烧。理论上，这种引擎可以将火箭送到比当时探空气球所能达到的更高的太空。珍珠港事件爆发后，钱学森很快通过美国宪兵司令部的安全考核，拿到了保密许可证，被批准可以参加军队、国防部、科学研究发展局等机构的军事机密工作，甚至负责评估火箭技术在全美范围及军事领域的发展。

1938 年，美国陆军航空兵司令部阿诺德将军预见到美国加入战争不可避免，要求加州理工学院研制火箭助推起飞装置，使军用飞机特别是重型轰炸机能从航空母舰及太平洋小岛的短跑道上起飞。当时传言法西斯德国正在研制火箭，美军感到巨大压力，冯·卡门回到学校立即找马利纳、钱学森等人商议，决定接受这个名为"JATO"的任务。在这之前，研究火箭被认为是旁门左道、不切实际，此时由于战争的需要，一跃成为显学。为了解决助推燃料及燃烧稳定性等问题，加州理工学院成立了 JPL（喷气推进实验室），以便能设计出射程超过100 英里的火箭。钱学森担任了 JPL 研究分析组的组长，与林家翘、钱伟长、郭永怀、史都华等十多位科学家通力合作，设计并制造出美国最早的火箭，命名为"女兵"与"下士"，并在塞科山谷试验成功。经过近 4 年的努力，1942 年 4 月 15 日，冯·卡门、钱学森、马利纳等"火箭俱乐部"成员在摩哈维沙漠成功进行了道格拉斯 A-20 轰炸机火箭动力装置试飞试验。这种火箭助推起飞装置可以让飞机的跑道大大缩短，飞机起飞的速度也将大大提高。因而，航空母舰上便可以容纳更多战机，极大地增强了空中力量。它很快在太平洋战争中被美国陆军航空队大量装备在航空母舰的轰炸机上，为扑灭日本法西斯空军的嚣张气焰创造了有利条件。钱学森在这一系列研究、设计过程中，发挥了极为重要的作用，并因此获得了美国国防部科学咨询团成员身份，被允许出入五角大楼。冯·卡门曾评价道："钱学森对加州理工学院喷气助力起飞计划的实现作出了重大贡献"。

钱学森不遗余力，曾一度深入洛杉矶的航空企业，发现并解决飞机设计与生产过程中遇到的应用力学问题。当时的洛杉矶是航空工业最发达、发展最迅猛的地区之一，美国政府在该地区航空公司定购飞机数量约 10 万架，几乎占全国的一半，与英国、德国、苏联等国的飞机数量相当。这些飞机制造公司在反法西斯战争期间研发生产的先进战机，在珊瑚海海战和中途岛海战中重创日本舰队，打破了日本航空母舰的绝对优势。

战争如火如荼，为做好长期的发展准备，1942 年美国开始了军事人才储备工作，政府精心选拔出了一批空军和海军青年至加州理工学院攻读航空学硕士。这些军官都具有出色的领导才能，钱学森负责教授工程数学和喷气推进理论两门核心课程，为反法西斯战争的军事技术人才储备作出了重要的贡献。他参与编写并讲授的《喷气推进》成为该领域的权威著作，此后的十几年间都被奉为不可或缺的参考书。

他参加了由美国军方资助的加州理工学院火箭助推起飞装

图 2-4　美军签发给钱学森的美国国防部科学咨询团成员身份证及出入证明

置研究计划及其他军工项目，发现并解决飞机设计与生产过程遇到的问题，为高速空气动力学和喷气推进技术的发展，战争期间美国火箭助推起飞技术的发展，甚至太平洋战争格局乃至反法西斯战争整体战略态势的扭转，都作出了重要贡献。

三、理论高度奠定思想基础

1935 年至 1955 年，钱学森在美国最为著名的两所理工大学学习与实践最尖端的国防科学技术，成为美国火箭事业和控制论领域的开创者与奠基人之一。20 年系统地、全身心地投入尖端科技研究与实践是钱学森系统科学思想与智库思想形成的最初积淀和核心基础。

美国陆军航空兵于 1945 年年底与道格拉斯飞机公司签订了一项一千万美元的"研究与发展计划"，即著名的兰德公司合同，"兰德"的英文"RAND"是"研究与发展"一词的缩写。不久，美国陆军航空兵独立成为空军。1948 年 5 月，阿诺德上将在福特基金会捐款一百万美元的赞助下，将兰德公司脱离道格拉斯飞机公司，正式成立独立的兰德公司。这家著名智库，先以研究军事尖端科学技术和重大军事战略而著称于世，继而又扩展为综合性的世界顶级智库。钱学森有关美国军事尖端技术研制和重大军事战略研究的构想为兰德公司的建立和发展提供了第一手的思想理论方法基础，也是钱学森智库的雏形。

　　钱学森深入德国实地考察最新的导弹技术与实践后，撰写出影响深远的尖端科技报告，勾勒未来尖端技术的发展方向的同时，也提升了其系统工程的理论与实践水平。在第二次世界大战期间，德国成为导弹技术的发源地，德国的 V-1 和 V-2 火箭是世界上最早的火箭，而当时美国的火箭技术还是一片空白。二战后，新组建的美国国防部科学咨询团在少将冯·卡门的率领下来到德国考察及研究德国的火箭技术，钱学森作为唯一一位非美国籍科学家以美军上校身份受邀加入了美国总统杜鲁门授意组建的国防部科学咨询团，赴德国、法国、意大利等国考察，并亲自审问了德国 V-2 火箭的总设计师冯·布劳恩——后来的美国航天奠基人。回到美国后，钱学森参与撰写了美国军方和美国国防部的高技术报告——《迈向新高度》。

第三节　《迈向新高度》谱科技新篇

　　1944 年至 1945 年，整个美国还沉浸在欧洲大陆上空划过的 V-2 火箭的发动机轰鸣中。美国军方与喷气推进实验室签订的规模巨大的导弹研制计划（"ORDCIT" 计划）也已经开工，但是珍珠港的警钟仍然时时回响。钱学森就是在这种背景下，随他的导师冯·卡门前往战败的德国，并在总结德国研究成果与经验的基础上，参与完成了远景规划《迈向新高度》。

一、考察调研成就历史佳话

1944 年秋，美国陆军航空兵司令阿诺德将军与冯·卡门两人曾进行了一段秘密的会谈。阿诺德将军告诉冯·卡门，军方目前需要一份关于未来空中战术、空中武力和导弹的特别研究报告，此外，还需要冯·卡门组织一批在航空方面有独到见解的科学家为五角大楼工作，协助空军规划未来 20 年到 50 年的发展蓝图。基于对未来战争的忧虑，阿诺德将军不仅把眼光放在了即将结束的二战上，而且放在了更远的未来。为了得到对未来全球态势的更多的掌控力，美国需要在空中力量上得到绝对的领先地位。

在会晤之后不久，冯·卡门向加州理工学院请了长假，1944 年 12 月，他正式担任了美国国防部科学咨询团团长，并迅速挑选了 36 名科学家与工程师组成他的精英团队，团队都是由各个学科中处在最前沿研究且久负盛名的科学家组成，其中包括美国标准局的德莱顿博士，雷达专家伯塞尔博士，以及他的学生钱学森博士等。钱学森是团队中唯一的外国人，并被直接委任为冯·卡门的助手。

"忘记过去和现在，要以未来 20 年为基点，以超声速飞行、无人驾驶、空中侦察、核动力、远程导弹、原子弹……为着眼点。尽管大胆猜测，寻求能使美国空军领军全球的新发明，开销多少钱都没关系。"这是阿诺德将军对咨询团下达的任务，一切都是为了实现美国在全球的霸权。在这一命令的指导下，咨询团的团员们进行了大量的实地调研，走访了美国的各大研究试验机构。这次考察也使钱学森对于美国航空工业的发展现状与潜力有了更加直观全面的了解，也为《迈向新高度》的编写打下了坚实的基础。

1945年，随着第二次世界大战步入尾声，美国方面也加强了对于德国导弹情报的搜集。4月底，美国总统罗斯福得到密报，继佩内明德导弹基地之后，在德国又发现了希特勒秘密建设的导弹基地。他对这个情报十分重视，立即敦促空军派遣专家前往该基地。美国空军立即抽调了咨询团的专家组成了五个人的考察团前往欧洲，其中咨询团团长冯·卡门被临时授予少将衔，钱学森也被临时授予上校军衔加入这个团队，行动代号"健壮"。他们一行五人从弗吉尼亚州的碎石滩登上一架C54运输机飞往欧洲。

咨询团的成员考察的第一站是德国下萨克森州东部的佛肯罗德村，美军在这个郊区的小村落中发现了直接隶属于德国空军司令格林的空气动力研究所。由于德国纳粹势力败退较快，还有很多机密的设计图纸以及文件在佛肯罗德村的林子中埋藏着。美军在佛肯罗德村中就发现了近一千五百吨的有关火箭和空气动力学的资料，这些因埋藏在地底而潮湿的文件被迅速地拍成微缩照片，发回美国。钱学森仔细考察了这里的一座直径8米的风洞，一座高速风洞，两座超声速风洞，一个军备实验

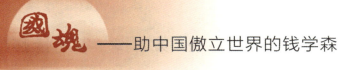

图2-5　1945年4月，钱学森（右四）以美军上校身份，随冯·卡门率领的美国国防部科学咨询团飞赴战火纷飞的纳粹德国进行考察

室和一个工厂，并阅读了大量德国火箭的机密资料，对于德国的火箭情况有了更加深入的了解。他发现德国研发成功的V-2火箭已经有300多公里的射程，同时他们还在研发可以直接打到美国本土的火箭，钱学森意识到，德国的火箭技术早已走在了世界的最前沿。德国对于火箭的一些理念更是对钱学森产生了很大的冲击，极大地开阔了他的眼界。同时他们还在这提审了在后掠翼飞机上有独到见解的阿道夫·博斯曼博士，他消失多年一直在这所军事基地对后掠翼飞机进行研究。他们在仔细研究了博斯曼博士的试验数据之后，决定停止美国对于直

翼飞机的研究，使得第一架后掠翼轰炸机 B-47 快速面世。

　　4 月 11 日，咨询团还未出发，美国军方便针对火箭基地而展开了行动。他们违背与苏联的约定，抢先攻占本该属于苏联的诺德豪森市，并抓捕了 492 名德国的火箭专家，将他们以及他们的家属迅速送往美国。同时，美军还拆卸了德国的火箭秘密工厂，将建造完成的 100 多枚 V-2 火箭，以及众多图纸资料一起装车运离诺德豪森市。在苏联到达之前的有限时间内，咨询团考察了位于一片林地的地下工厂，这是一个德军利用地势，动用一万多名劳工挖山布置的一座精心设计的地下工厂。整个地下厂区布满了蜘蛛网似的铁路，并衔接起长达数英里的生产线，火箭总装厂就在一条隧道里。咨询团详察了地下工厂的整体布局和生产线，得到了纳粹德国研制火箭的第一手资料。美军在诺德豪森市给苏联留下的仅仅是满目疮痍以及遍地的破铜烂铁。美国所搜罗的工程师以及科学家最终大部分加入了美国国籍，并成为美国航天技术发展的最坚实的支柱。苏联接管诺德豪森市之后，只得收拾一些美军未及拆走的德国笨重的残余设备和从其他地方收集到的火箭残品和零部件，这遍地的残余成为了苏联火箭起步的基石。

　　咨询团第三站去往位于德国西部亚琛的空军基地以及工业基地，对德国的基础工业也进行了考察。随后他们驱车来到了号称大学之城的哥廷根。这里曾为德国纳粹效力过的各研究机构的负责人还在等待着他们的问询，最重要的是这里还居住着世界公认的近代流体力学奠基人普朗特。普朗特在世界上享誉盛名，他也是冯·卡门年轻时代最为敬佩的老师，也是冯·卡门能在空气动力学上获得卓越成就的不可或缺之人。本该是一场盛大的师徒三代的见面会，但是由于选择的不同，而使得这次重逢如此的令人唏嘘感慨。师徒三代站在了正义与非正义的两方，一时无言，也只有面面相觑。钱学森在回忆这一次会面时，也表现出了对于普朗特深深的厌恶之情。尤其普朗特对于德国法西斯借科学之名犯下的滔天罪行竟然毫不关心，甚至没有表现出一点忏悔，对于他的"科学"给普通民众造成的伤害视而不见。他见到美国咨询团的人，首先提出的要求是，允许他把埋在学校网球场下面的自家土豆挖出来，然后絮絮叨叨地连声埋怨美国人炸坏了他的住宅。他顽固地认为，自己是殚精竭虑的为国效劳，而没有站在全人类的角度去思考，甚至愚蠢地问冯·卡门，以后他的研究经费该由哪个机构负责。这一切的一切都使得钱学森对于普朗特嗤之以鼻。冯·卡门对于此次三人的会面更是感到惊奇，并多次在人前提及此事："这是一次多么不可思议的会见，把自己的命运和红色中国联结在一起的是我的杰出的学生，而为纳粹德国工作的是我曾经敬爱的老师，事情怎么会是这样？"

咨询团第四站来到了白恩州，慕尼黑附近的和棋尔村，他们此行主要是会见德国 V-1、V-2 火箭的总设计师冯·布劳恩。一路考察，让咨询团清楚地意识到德国在航空与火箭技术

图 2-6　1945 年 5 月，钱学森（中）与导师冯·卡门（右）在德国哥廷根会见冯·卡门的导师路德维格·普朗特（左）

方面已经远远领先于美国，钱学森要求冯·布劳恩写一份论述火箭研究以及未来火箭发展的报告。在这篇报告中，冯·布劳恩对未来展开了看似荒诞，却无比贴近事实的畅想。他预见，有朝一日，横跨欧美大陆只需 40 分钟，卫星环绕地球一周只需 1.5 小时，人类可以身穿潜水衣飘浮在真空中，在太空建造实验室。今天，这些已经成为了现实，但对于当时的社会却起到了振聋发聩的作用，由此也致使美国将研制人造卫星的任务提上了日程。在加入美国国籍之后，冯·布劳恩继续在美国从事火箭、导弹和航天研究，曾获得一系列勋章、奖章和荣誉头衔。1969 年，他领导研制的"土星 5 号"运载火箭将第一艘载人登月飞船"阿波罗11号"送上了月球。1981年4月,首次试飞成功的航天飞机当初也是在冯·布劳恩手里发明的。因此,他被称誉为"现代航天之父"。这次对冯·布劳恩的审问给钱学森带来了极大的震撼,使得钱学森对于火箭的未来有了更多期待。他也意识到,一个顶尖的科学家就要去想前人之不敢想,做前人之不敢做。

在会见冯·布劳恩的同时,咨询团还审问了德国V-1火箭和V-2火箭的研制发射理论的负责人赫尔曼,他是德国知名的空气动力学专家。在审问过程中,钱学森发现,德国研发火箭的关键技术竟然是源于自己的一篇论文。赫尔曼在多年之后的回忆录中也叙述了此事。"我记得其中一位钱博士,他是冯·卡门的亲密工作伙伴,我对他印象深刻是因为他的论文《超声速气流中锥形体的压力分布》,他是唯一就这个题目提出完整理论的科学家。我们知道他的理论,因为这篇论文在战争结束前两年就已经出版,我们曾经拿他的理论在我们的风洞里做过精确的实验,我后来得知,直到那时,钱博士的理论在他自己的国家还没有人实验过,我们能做是因为我们有设备,我们有超声速风洞,还有合格的科学家和工程师。"

二、系列报告勾画航天蓝图

5月17日至21日,钱学森通宵达旦把这几天的所见所闻进行了详细归纳和整理,写出了对德国火箭导弹和空气动力学发展状况的系列调研报告。在现存的钱学森手稿中可以看到七篇报告的底稿。钱学森的实地考察无疑为他日后担当中国导弹奠基人和总设计师做了最好的铺垫。6月20日，钱学森在随咨询团调研欧洲等地的风洞之后，又一次回到了华盛顿。回到美国后的钱学森一边继续在加州理工学院做研究和教学工作，一边协助冯·卡门完成阿诺德将军给予咨询团最重要的任务——撰写关于美国战后飞机火箭和导弹未来发展的展望报告。同时，他还为美国航空兵技术指挥所编写《喷气推进》一书的工作中担当主编，钱学森主编的章节包括使用液体和固体推进剂的火箭、热推进发动机、喷气辅助起飞、热动力学、燃烧、气体动力学等。该书多达八百多页，收录了钱学森及其他加州理工学院教授在 1943 年至 1944 年学年度每周分发给军职学生的油印讲义。该书是世界上第一部全面系统论述火箭与喷气推进技术的专著，在一段时期内高居美国喷气研究最权威选集的宝座，34 岁的钱学森因此在航空学领域获得了仅次于冯·卡门的权威地位。"在 34 岁的年纪，他已被公认为一个天才，在高速空气动力学和喷气推进领域作出了巨大贡献。"对钱学森这位高足，冯·卡门毫不吝惜赞美。

　　1945 年 12 月，他参与写作的长达 13 卷的咨询团咨询报告《迈向新高度》终于完成。钱学森是该报告的主要作者和编辑者，他参与完成了其中第三卷的第一部分，第四卷的第一部分，第六卷的第二部分、第三部分、第四部分，第七卷的第五部分，第八卷的第三部分等七个部分内容的编写。纵观整篇报告，钱学森承担了最多的任务，在这份报告的编写中起到了举足轻重的作用。钱学森精心调研欧洲各国之后，看到了世界上最先进的设备与工厂，审问了在火箭航空领域最权威的几个人，记录下了各地的空气动力学验证的风洞试验设备，以及最先进的后掠翼飞机设计思路，并在自己的研究上取各家之所长，对于未来的飞机发动机、液体与固体推进火箭等做出了大胆的设想。这份由世界上最为著名的科学家编写的报告描绘出了美国航空航天的发展蓝图，也因其前瞻性而载入史册。

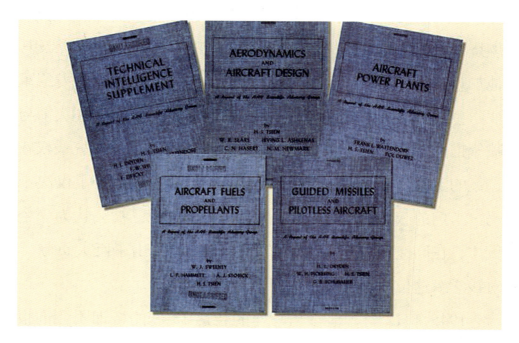

图2-7　1945年，咨询团考察结束后，向美国军方提交的《迈向新高度》系列报告

1946年年初，阿诺德将军曾致函钱学森，信中写道：

"我已经阅读了陆军航空兵科学顾问团的最终报告，您为顾问团成绩的取得作出了多方面极其有价值的贡献，我要向您表示感谢，您作出的贡献包括：对空气动力学中的空气可压缩性问题，借助于保持薄的边界层减少空气阻力的问题，对激波和边界层相互关系问题进行了研究和分析；提出了德国和美国的脉动式喷气推进发动机的调查报告，并对两者进行比较，还对这种类型发动机的专用燃料消耗进行了研究；提出了一个在设计和研制固体和液体燃料火箭的未来发展趋势，和对现在正在使用和猜测将用于助推炮兵火箭、飞机助推起飞、巡航和弹道导弹发射，以及大型导弹推进等方面的固体和液体助推火箭进行详尽分析，报告内容广泛，您的报告必将对陆军航空兵未来的研究项目规划提供巨大的帮助。"

《迈向新高度》一举奠定了二战后美国航空航天事业领跑全球的基础，并为美国取得未来的空中霸权夯实了理论基础。这次编写也使得钱学森出现在美国军方高层的视野中，其杰出的表现为其赢得了更多的赞誉。钱学森也因这次编写工作开拓了视野，学会了从整个国家的高度出发，全面系统地思考问题，从全球战略的角度去规划未来。由此，钱学森也迈向了他人生的新高度。

三、学术成就开启全新高度

钱学森对待科研踏实认真的态度和扎实的理论功底使其在美国航空届声名鹊起。1946年，钱学森在整理导师冯·卡门的文章时受到启发，将自己的想法经过逻辑缜密的数学推导，得出一个简化的近似方程，求出有关高声速流动的升力和阻力系数的近似值，之后在《航空科学学报》上发表了一篇有关超级空气动力学，稀薄气体力学的论文。这是一篇足以振奋整个美国航空界的论文，在论文中，钱学森设计出一套全新的公式，把空气分子结构与分子间平均距离都考虑在内，这一做法整个革新了空气动力学家对高空高速飞行的概念。同时，论文提出的关于自由分子流区、过渡区、滑溜区和气体动力学区的划分，被人们认为是研究稀薄气体力学的开创性工作。钱学森不仅在航空动力学方面成果显著，在核物理领域也有着不可忽视的成就。他在1946年的一期《航空科学学报》上发表了一篇具有说明性质的论文，就爱因斯坦的质能关系、原子结构和分裂等理论问题提出了清晰而详尽的解释，同时，他还撰写了一系列讨论核动力火箭的讲稿。根据他的讲稿整理成的论文首次提出了利用核能作为火箭动力的大胆创意，震惊了美国的科技泰斗们，这些讲稿和论文使得钱学森声名大振。钱学森在科研上的能力得到了包括他所任教的加州理工学院以及美国军方的高度认可，他交给航空工程系领导的关于建造中等规模高超声速的建议和研究报告得到了军方的重视和资助，钱学森得到安全许可，参与了超声速风洞的建设和一项代号为"流星"的海军机密计划，他还申请参与了"曼哈顿计划"，从事核武器的研制开发工作。一系列计划的参与也使得加州理工学院在美国军方和政府心目中的地位得以提升，强化了其世界一流大学的地位。

1946 年暑期，冯·卡门教授因与加州理工学院校方有分歧而辞职，转往麻省理工学院任教。钱学森也跟随冯·卡门回到麻省理工学院并任该校副教授，专门教授空气动力学专业的研究生。1947 年 3 月 7 日，又一个春暖花开的季节，麻省理工学院校刊头版刊登了 35 岁的钱学森晋升为麻省理工学院正教授的消息，钱学森用他在美国学习工作共 12 年的努力取得了别人执教 20 年以上才能取得的终身职务，成为麻省理工学院有史以来获得终生职务最年轻的教授。同年 7 月，钱学森终于回到了阔别 12 年的故土，探望独居的老父亲。回国期间，钱学森受邀在浙江大学、交通大学、清华大学和北京大学等学校发表了工程与工程科学、稀薄空气力学等前沿科技的演讲。同时，时任国民党政府教育部部长的朱家骅还邀请他担任交通大学校长，考虑到国内政局动荡、政府腐败等因素，钱学森再次离开热爱的祖国，回到麻省理工学院继续他的教学和科研工作。

新学期开始的 9 月，钱学森不但要继续他所担任的空气动力学、弹性力学和火箭学等课程的教学及研究工作，还继续追随导师冯·卡门在美国军方工作，承担最为重要也是最为机密的任务。期间，钱学森参与了美国第一架超声速飞机 XS-1 的研制计划，并经常与冯·卡门一起到美国各大军事基地调研，宣讲最新科技发展动态，并了解和解决军事发展中遇到的问题。

1948 年的夏天，实力雄厚的古根海母基金会对极费资源的喷气推进技术研发慷慨解囊，在加州理工学院和普林斯顿大学建立了两个喷气推进中心，他们都不约而同邀请钱学森担任主任。一面是普林斯顿大学的钱学森的学生的极力游说，而另一面是爱才心切的加州理工学院新任校长提供的更为优越的条件——年薪一万美元，另外还拨付经费，让钱学森聘用助理人员及资深科学家，同时，校长亲自写信给钱学森挽留这一不可多得的人才。在这一人生的转折点上，钱学森再次征询了冯·卡门的意见。冯·卡门告诉钱学森，加州理工学院喷气推进中心的主任原定是聘请冯·卡门的，但是他认为自己能做的，学生钱学森就一定可以完成，所以推荐钱学森出任主任。钱学森在导师眼里早已不仅仅是学生，而且是最佳搭档。导师的推心置腹让钱学森最终决定重返加州理工学院。

1949 年，随着天安门城楼上毛主席"中华人民共和国中央人民政府今天成立了"的宣告，中国历史发生了伟大的转折，鲜艳的五星红旗映衬着古老的天安门城楼，中国人民从此站起来了，摆脱了腐败不堪、动荡不安的政局。此时的钱学森正是最鼎盛的时期，他在美国有着令人羡慕的高收入，较高的社会地位，美满的家庭，一切都在向着更加美好的方向发展。

然而，国内局势的变化深深地触动着满腔爱国情怀的钱学森，他又一次站在了人生的岔口上，回祖国，去台湾，留美国？手持中华民国护照的钱学森并不想去台湾，他申请加入美国国籍以利用时机进退自由。此时的党中央也十分重视在美国的华人精英，他们通过各种关系动员和影响钱学森。同年 10 月 6 日，也就是新中国成立后的第一个中秋节，一场在加州理工学院校外街心花园组织的留学生聚会中，中国共产党的朋友罗沛霖借机向大家介绍了新中国的情况，满怀难抑的思乡之情和满腔的报国之心，钱学森和同学们激动地盘算着该是回国效劳的时候了。当时钱学森对新中国并不十分了解，手头也还有许多未完成的研究课题，钱学森与罗沛霖相约，在 1950 年暑假时一起回国。但是没容他动身，美国政府找上门来阻止了他回国的脚步。美国政府的卑劣行径大大挫伤了钱学森的自尊，彻底破灭了钱学森留居美国的想法，也让钱学森实实在在地选择了新中国。

第四节　逆境归来彰显赤子之心

学术上的巨大成就将这位不到 40 岁的著名科学家推上了世界科学殿堂的巅峰，然而，正当他意气风发地致力于探索人类最前沿科技之际，无情的迫害将钱学森推向了深渊。命运仿佛玩笑般地夺走了他所拥有的一切有利条件：被诬陷为美国共产党、被剥夺人身自由、被时刻窥探隐私、被扣押禁止回国……美国政府无所不用其极地幻想将钱学森"打倒"。然而灾难并没有击垮他，反而激发出了一位更加坚韧的钱学森，他在人生低谷坚持学术研究与探索，将自己的悲愤化为动力，写成《工程控制论》这一举世瞩目的巨作。同时，钱学森与夫人蒋英不断寻找一切可能的机会，一定要回到自己的祖国。朝鲜战争让中国深刻感受到了科技的力量，美国的核威胁更是一次又一次地激起了党中央提高国防力量的决心。中央政府在接到钱学森的求救信后，动用一切可以利用的渠道，帮助钱学森回到祖国。经历了十五天扣留和五年软禁，钱学森于 1955 年 9 月 17 日，带着 20 年的思想精粹离开美国，启程回国。

一、艰难困苦不改报国赤心

1950 年 6 月 6 日，两个身穿深色风衣的联邦调查局探员像幽灵一般闯进了钱学森的办公室，也就是当年冯·卡门位于古根海姆大楼二楼的办公室。他们巡视了那间大房间，办公桌上摆着好几本中文期刊，桌后的黑板上写满了他们看不懂的数学方程式。联邦调查局想知道钱学森究竟是不是共产党员，就在联邦调查局盘问钱学森的当天，加州理工学院收到了来自美国第六军团本部的秘密信函：自即日起，不准许钱学森参与任何军方的机密计划。同时，钱学森参加机密研究的安全许可证被吊销了。

20 世纪 50 年代初的美国，以共和党参议员麦卡锡为首的政客，以有共产党在左右国务院的政策为借口，向执政的民主党发难。在麦卡锡的鼓噪下，美国掀起了"全面清共"运动，在美国的军事、高科技等机密领域尤为甚之。钱学森因为十几年前在"火箭俱乐部"里的同事有人是共产党，就被沾上了嫌疑。

面对飞来横祸，钱学森始终坚守自己的底线，拒绝承认。钱学森写了一份声明递给联邦当局，他表示，自己十余年来一直在为美国工作，特别是在第二次世界大战期间自己对提升美国的科学研究水平有过不小的贡献，而今自己被视为一位受欢迎的客人的情景已不在了，一片怀疑的乌云高悬在头上。因此，他要离开美国。这份声明也同时给了加州理工学院工学院院长和教务长，他决定从加州理工学院辞职回到中国去。

加州理工学院当然不希望失去一位年轻的大师级人物，院长杜布里奇多方奔走，为他在华盛顿安排听证会，要政府当局对"钱学森案"做以清楚的说明，并安排钱学森去见海军副部长金贝尔，向他说明情况，以便解除美国政府对钱学森的怀疑。

1950 年 8 月 21 日，钱学森飞到华盛顿拜会金贝尔，金贝尔曾任航空喷气公司的执行副总裁及总经理，由于曾协助杜鲁门竞选总统有功，因而成为海军副部长。第二次世界大战期间，他曾深入了解钱学森的专业，认为钱学森是全美国最优秀的火箭专家之一。

在金贝尔的办公室，钱学森将一切告诉了金贝尔，说到激动之处眼泪夺眶而出。但是金贝尔似乎在忙别的事情，并没有认真听钱学森所说的话，还心不在焉地说，"加州理工学院会请你担任数学教授并不需要安全许可证"，敷衍几句便将钱学森打发走了。1950 年 8 月 23 日，钱学森再次和金贝尔见面，并直截了当地告诉金贝尔，自己打算离开美国。这回金贝尔听明白了，他睁大眼睛很快的反应到：钱学森不能走，他太有价值了！一直支持国民党政权的金贝尔警告钱学森要三思而后行。

当天下午，钱学森便搭机返回洛杉矶，他一刻也没有犹豫，一边准备听证会，一边催促打包公司把已经装进八只大木箱的行李尽快装船托运回国。打包公司的老板赛普·史密斯回忆说："钱家准备运走的东西，就像是要永远搬离某地的人会做的事，其中包括一架大钢琴、家具、锅碗瓢盆、床、书、书桌、收音机组合、洗碗机等。从把所有家当都带走的情形来看，钱似乎不可能再回来了"。

与钱学森一样，金贝尔也没有一刻犹豫，钱学森一离开他的办公室，他便立刻打电话给司法部警告说，从美国的最高利益出发，像钱学森这样具备高学识的人绝对不可以让他离开美国。金贝尔凭着自认为灵敏的嗅觉确信，新中国极想得到钱学森这位优秀的专家。

金贝尔的动作极快，钱学森乘坐的飞机刚在洛杉矶落地，一位移民局的调查员就已经在那儿等着他了，钱学森一走出机舱，那位调查员就迎上去送给了他一份文件，上面写着政府禁止他离开美国。

令钱学森愤怒的是美国海关竟然非法扣留了他的全部行李，理由耸人听闻：托运的行李中有 800 公斤涉及美国安全的机密文件。一向温文儒雅的钱学森忍无可忍，怒不可遏。他清楚地记得，他所有的文字资料在打包之前全部交给了加州理工学院的领导检查过，而后又请帕萨迪纳地方检察官复验过，根本就没有什么机密。

1950 年 9 月 7 日，移民局两位官员以涉嫌携带机密文件出国罪来到钱学森家带走了他，把他拘禁在距洛杉矶几十公里外的一座小岛——特米那岛。岛上有一个移民局的拘留所，拘留的全是一些非法移民，其中大多数是刚刚偷渡入境就被捕的墨西哥籍来美打工赚钱的人，他们被集中关押在有着一排排窄小床铺的大房间里。钱学森被关进了单人间，看守人员把他当作囚犯，不许他和任何人谈话，对外的一切联系也全部被掐断，他无法和朋友、同事联络，就连冯·卡门从欧洲打电话给钱学森也未获准接通。他们对钱学森进行了毫无人道的折磨和迫害。每天晚上每隔 15 分钟便跑来打开一次电灯看看他在做什么，是否企图自杀，这使他根本无法休息。

透过加了铁栏杆的窗户，钱学森只能凭借洛杉矶夜晚隐隐约约的灯光证明自己还活在人间。他做梦也没有想到美国政府

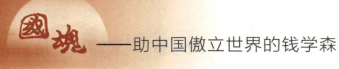

图2-8 1950年9月7日，钱学森被无理拘留，并被监禁15天。美国联邦调查局和司法部移民归化局在钱学森被保释后还多次举行所谓的"听证会"，对钱学森进行审问

会给他这样的"特殊待遇"，他曾是那么多美国成就的创造者，曾是最受尊敬的戈达德讲座教授，曾有过15年辛勤奋斗所得来的荣誉地位，但现在他变成了一个毫无尊严的囚犯。他的自尊心受到了重创，在短短的14天内体重减轻了13.5公斤。在他被关押的第12天，他的妻子蒋英去探望他，他竟失语了，连话都说不出来。蒋英十分着急，美国人怎么在十几天里就把他折磨成这个样子。9月22日，冯·卡门和加州理工学院筹集了1.5万美金巨额保释金交给了移民局，移民局终于同意释放钱学森，钱学森事后嘲讽道："一般绑票的人开口勒

索赎金也就是 1000 美元或 1500 美元，我还真为自己的不菲身价感到骄傲。"1950 年 9 月 26 日，中华自然科学专门学会发表宣言，严正抗议美国政府非法拘捕钱学森。

钱学森被扣留的文件中有超过 100 本的书和科学领域、工业部门及政府发布的报告，有他收集的中文、德文以及俄文的各种文章，有 9 本约 400 多页被整理得井井有条的报纸、杂志、文章剪贴簿，还有很多他自己写作或发表了的学术研究笔记和科技论文。移民局召集许多专家协助审查这些文件，三位空军基地专家花了 3 天时间将钱学森的文件拍成微缩胶片，大概有 12000 多张，仅文献的目录就长达 26 页。然而，经过长时间的反复检查之后，检查人员一无所获。后来协助调查的原子能委员会专家公开地说："那些文件是世界顶尖的航空及火箭设计学者在十年的钻研中必然会累计出来的成果。"更可笑的是，一个被调查局认为是密码本的小册子经过专家们的甄别，不过是中学生常用的对数表。

1951 年 4 月，一件最离奇荒唐的事情在钱学森身上发生了，美国政府竟然把两项互相矛盾的法案强加在钱学森的身上。美国移民局根据 1950 年所修订的美国国家安全条例，以钱学森曾经是美国共产党员，是可能颠覆美国政治体系的外国人的罪名于 1951 年 4 月 26 日作出驱逐钱学森出境的决定。与此同时，美国国务院发布政策，必须防止具有某些科技背景的外国人离境，以免为敌国利用来暗中破坏美方的军事防御能力。而钱学森在喷气推进研究等方面的长处使他毫无疑问地被列入不准离境的人员名单之中。在自我矛盾的政策下，美国政府当局对钱学森做了很多无礼的限制，规定他的行动范围不得超越洛杉矶，这让他无法参加许多科学研讨会，甚至连到城郊的海滩走走也不可能。他被要求必须每个月到洛杉矶地区的移民局报到，并向官员报告行踪。钱学森家门外常有联邦调查局监视他的轿车，一停就是好几个小时，有人在街上跟踪他，还有人擅自拆开他的邮件，闯入他的办公室甚至家中，钱学森家的电话也经常受到监听和骚扰，打电话到钱家的朋友总会遭到联邦探员的盘问和威胁。钱学森不得不把一张沙发搬进浴室。妻子蒋英也受到了同样"礼遇"，只要她一出门就会有联邦调查局探员跟踪。从1952年到1954年，钱学森为排除移民局和联邦调查局的骚扰，两年内搬了四次家，妻子蒋英备好了三个手提箱，时刻准备一有机会就随时动身。数年后蒋英回忆说："在那个时候我们真是活得十分紧张。"

经历了一次又一次的调查、听证会、去移民局报到，钱学森明白了，美国政府越相信他是间谍就越不肯放他走，他们这种无休止的拖延就是故意消耗他的生命，扼杀他的才华。面对困境，钱学森平静下来，他重新将重心放到科研和教学工作上，以超人的毅力在两个广阔而尖深的领域里继续前行。他曾经创下连续四个月，每个月都完成一篇论文的纪录，这在他所研究的领域里是一项十分罕见的成就。

图 2-9　1950 年至 1955 年，尽管失去自由，无法继续从事军事科学研究工作，但钱学森仍然坚持科学研究

　　他研究的第一个领域是物理力学。物理力学对于钱学森来说，就像是几何学之于柏拉图。早在 1946 年，钱学森在探索超声速飞机以及喷气推进飞行器的性能和原理的过程中，就感到需要知道介质和材料在高速和高温状态下的成分和性能。然而，从现场试验中很难得到这些数据。钱学森提出把应用统计力学、光谱学和化学、动力学的理论和方法综合起来，去研究气体和液体的平衡性质，以及气体的热辐射性质等问题。第二次世界大战中原子弹的爆炸引发的核反应工程问题使钱学森敏锐地意识到，在火箭技术、核技术等重要领域，也迫切需要解决处在高温、高压以至超高温、超高压和放射性作用等条件下

的介质和材料性质问题。可是这些数据难从现场试验中得到。由此他认为，近代物理和化学的发展，对物质在原子核以外的微观结构已有相当的了解，完全可以建设起新的技术科学及物理力学。

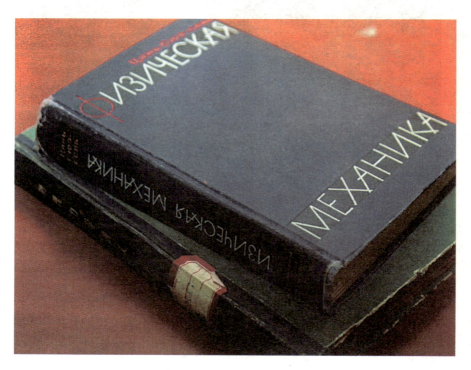

图2-10　钱学森在加州理工学院开设了"物理力学"课程，编写了"物理力学"讲义

1953年，钱学森发表《物理力学——一个工程科学新领域》一文，说明物理力学的目的在于通过对物质的微观分析把有关物质宏观性质与试验数据加以总结和整理，从而找出规律得到所需要的数据，而且可以预见到新型材料的宏观性质，为发展新材料、新工艺服务。此后，钱学森在教学与研究中不

断丰富、充实与深化其内容。物理力学倡导的研究复杂性难题需多学科综合利用和宏观与微观相结合的科学思想和方法，得到广泛共识和运用，也由此开辟了一条科学解决工程技术问题的新途径。

他研究的第二个领域是工程控制论。1948 年，麻省理工学院数学老教授维纳在《控制论——关于在动物和机器中控制和通讯的科学》一书中，提出建立一门控制论科学，给钱学森以重要启发。钱学森运用控制学原理来解决火箭喷气技术中遇到的各种问题，从 1951 年到 1952 年，他陆续研究了火箭喷管的传递函数，远程火箭飞行器的自动制导，以及火箭发动机燃烧稳定性的四氟系统等，极大地丰富和创造性地发展了控制理论。

钱学森凭借从弹道火箭到可控可制导火箭研制的丰富经验，很快用控制论的原理解决了一批喷气技术中稳定和制导系统的问题。1952 年 5 月 2 日，他在给老师冯·卡门的信中预见，当火箭载人旅行的那一天到来时，最大的问题是火箭的控制问题，在高速飞行中人工控制是不可能的，但计算机可使火箭瞬间改变方向，不仅在火箭技术方面，而且在整个工程技术领域处处都需要控制系统，他坚信计算机将很快导致工程和工业效率的革命。

1953 年，他在加州理工学院开设了工程控制学这门课程，把力学、电磁学、电子学和信息科学等多种学科紧密结合在一

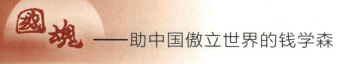

起。1954 年，钱学森的《工程控制论》在美国出版，《工程控制论》探讨在更为复杂的工程中实现自动控制与自动调节的理论，以及自动控制与自动调节系统的结构原理。随后《工程控制论》被译成德、俄、中等多种文字，引起世界各国科学技术界以至哲学界的广泛关注，形成一股控制论热。《工程控制论》是工程控制理论的重要奠基石，也为自动化科

图2-11　1954 年，钱学森的《工程控制论》（英文版）正式出版，其后被译为俄、德、中、捷克等多种文字出版

学技术的发展指明了方向。

　　就这样一年过去了，两年过去了，五年就要过去了，铁了心要回祖国的钱学森没有一点放弃之意。1955 年 6 月，有一位卖菜的华人给钱学森家送了一篮子蔬菜，垫在篮底的是一张人民画报，上面有中国庆祝五一劳动节的报道。钱学森看到毛泽东等领导人在天安门城楼上检阅游行队伍的照片中竟然有一

位他父亲的好友陈叔通先生，此时的他并不知道陈先生已经是新中国全国人大常委会副委员长，但他知道，这张照片一定会给他返回故土带来希望。

1955 年 6 月 15 日，钱学森全家人摆脱联邦探员的盯梢，溜进一家黑人超市，在那儿蒋英一边以逗孩子玩做掩护，一边把钱学森写给陈叔通希望新中国政府帮助他回国的信件夹在给比利时的妹妹的家书中投进了邮筒。信中说：我要竭尽努力，同中国人民一道建设自己的国家，使我的同胞能够过上有尊严的幸福生活。

二、百废待兴祖国求贤若渴

1950 年 6 月上旬，初夏的北京满目翠绿，天安门城楼修葺一新，大红宫灯金黄色的流苏随风摇曳，透着喜气，中共中央正在北京召开党的七届三中全会，这是中国共产党进入大城市后召开的第一次中央全会。此刻，毛泽东同志的心情自然是急得很，一再发出感慨：过去打江山，现在保江山，需要做的事情太多了。

就在新中国的领导人急于医治国内创伤的时候，距这次全会结束仅仅半个月时间，东邻朝鲜内战的炮声突然响起，两天后美国就打着联合国的旗号宣布武装干涉，并派第七舰队进驻台湾。其战略态势对新中国构成了严重威胁。1950 年 6 月 28 日，中央人民政府委员会紧急召开第八次会议，毛泽东号召全国和全世界人民团结起来进行充分的准备，打败美帝国主义的任何挑衅。10月19日傍晚，中国人民志愿军跨过鸭绿江，进入朝鲜北部，拉开了中国人民抗美援朝战争的序幕。毛泽东同志派时任军委副主席的彭德怀任志愿者司令员兼政委。然而最让毛泽东不放心的是军队的武器装备和美国相比，志愿军的武器装备实在是相形见绌。

就在一年前新中国开国大典的阅兵式上，受阅部队的武器从大炮到坦克、从汽车到飞机，有95%是战利品，这些品种五花八门，被称为万国牌的装备，都是抗日战争和解放战争中缴获的，大多不仅性能落后，甚至连修理用的零配件都很难找到。

在苏联的援助下，志愿军虽然得以配备了一些相对先进的苏制武器，而美军仍然在武器装备上具有全方位的绝对优势。除了先进的飞机大炮、坦克、步枪，还有让全世界望而生畏的导弹和核武器。导弹是一种无人驾驶，具有自动控制系统的飞行器，可携带数吨炸药准确的命中目标，其可怕之处在于它可以对敌人不宣而战，从天而降突然实行打击，命中率极高，可谓距敌于千里之外，灭敌于无形之中。核武器更具威慑力，其中以原子弹为代表，几年前美国为了提前结束第二次世界大战，用轰炸机在日本的广岛上空投下了第一颗原子弹，之后另一架轰炸机在长崎投下第二颗原子弹。每颗原子弹的破坏力都远超过1.5万吨TNT炸药，而且伴随着巨大的冲击波、光辐射、穿透辐射和放射性污染。据统计，日本两地受原子弹伤害而死亡的人数最终达到 37.5 万，爆炸之后许多幸存者也饱受辐射后遗症的折磨，包括癌症、白血病和皮肤灼伤。两颗原子弹让日本立即战败投降，从那时起全世界都领教了核武器的威力，世界人民都笼罩在这可怕的核阴影之下。

战斗过程中，志愿军又拿起了"游击战"的法宝，集中优势兵力，穿插迂回，分割包围。他们用一个军一次只吃掉敌人一个营，一点一点地取胜，就这样同朝鲜人民军一起连续进行 5 次战役，沉重打击了侵略者的嚣张气焰，一场场胜利震惊了世界。美国人惊呼中国陆军是一流的作战部队，对一流的部队就应该采取非常规的作战手段，战争从来不承认公理，这是美国的逻辑。

1950 年 11 月 20 日，美国陆军参谋长柯林斯建议，美国应研究对朝鲜、中国东北以及内陆实施核打击的目标。他说，为了联合国军守住他们的阵地或重新向鸭绿江推进，使用原子弹是必要的。美国空军和海军方面则认为核轰炸可以产生足够大的压力迫使中国妥协。11 月 30 日，美国总统杜鲁门在记者招待会上说："我们将采取一切必要的手段以满足军事形势的需要。"记者杰克杜尔第问："这是否包括使用原子弹？"杜鲁门意味深长地说："包括我们拥有的任何武器。"

1953 年，志愿军在朝鲜战场上取得了节节胜利。5 月，美国国务卿杜勒斯对印度总理尼赫鲁说，如果不能实现停战，美国将不再承担不使用核武器的责任。索性，在美国的"核大棒"落下来之前，入朝参战历时两年九个月的志愿者退敌 500 公里，把以美军为首的联合国军赶回到三八线，迫使其接受了停战谈判。1953 年 7 月 27 日，朝鲜停战协议在板门店签字。

1954 年 8 月，退守台湾的蒋介石在美国支持下不断袭扰大陆东南沿海，妄图反攻大陆再取政权，8 月 3 日，美国政府宣布将向台湾提供军事援助以阻止共产党占领台湾。8 月 11 日，接替杜鲁门担任美国新总统的艾森豪威尔称，要粉碎中国进攻台湾的任何尝试。美国阻碍中国主权统一和领土完整，这是霸权主义行径，中国人民不能坐视不理。9 月 3 日，毛泽东命令解放军福建前线部队对驻守金门岛的国民党军队发动榴弹炮出击，美国恼羞成怒再次举起"核大棒"，这是美国的杀手锏。

白宫政策规划办主任罗伯特·鲍意说，如果金门和马祖落入中共军队之手，美国将向这两个岛屿投掷核武器。1955 年年初，美国海军作战部部长罗伯特·卡尔内透露，美国已经拟定了一个向中国发动全面进攻的计划。美国的"核大棒"如希腊神话中的达摩克利斯之剑悬在中国人民头顶，如果中国也有尖端武器，谁还敢动不动甩出核武器的皮鞭。在经受了美国在朝鲜战争和台海危机两次核讹诈之后，新中国的领袖们深切地认识到，对付强权政治必须依靠强大的军事实力，不掌握尖端武器国家的腰杆永远直不起来，作为一个幅员辽阔，人口占世界第一位的大国，只有掌握尖端武器具备反击能力，才能真正屹立于世界之林。

基于这种认识党中央作出了发展尖端武器的决定。1955年1月15日，毛泽东在中央书记处扩大会议上强调指出：我们比过去强，以后还要比现在强，我们不仅要有更多的飞机、大炮，还要有导弹、原子弹，在今天这个世界上，我们要不受人家欺负，就不能没有这个东西。毛泽东讲完之后还感到意犹未尽，又重重地补了一句："这是决定命运的。"

有一天，毛泽东问周恩来："在原子弹和导弹研制方面我们的人才如何?"周恩来回答："我们有这方面的人才优势，在原子能方面已经有钱三强等几位科学家从海外归来，钱三强曾与诺贝尔奖获得者约里奥·居里夫人一起工作，回国后他们可以开展这方面的工作。在导弹方面有一位在美国著名科学家冯·卡门门下工作的专家钱学森，我们正在通过各种途径争取他早日回国。"

三、多方斡旋重回祖国怀抱

在1955年6月15日写给陈叔通的求救信中，钱学森附了一份1953年3月6日《纽约时报》的简报，内容是钱学森在美国遭到软禁的报道。蒋英的妹妹蒋华在比利时居住，她接到姐姐的信后不敢耽搁，因不知陈叔通的地址就把信寄给了钱学森的父亲。1955年7月11日，陈叔通接到钱学森父亲转来的信件，当天就将信交给中国科学院竺可桢副院长。第二天，竺可桢便与党组书记副院长张稼夫商量如何帮助钱学森脱离虎口，科学院立即将此事上报陈毅副总理。7月21日，陈毅批示，请外交部想办法。

钱学森写给陈叔通的信，恰好为正在设法争取更多人才回国的中国政府提供了最好的证据。周恩来随即进行了周密部署，他通知外交部派信使火速将钱学森的信交给正在日内瓦参加会议的王炳南大使，并指示要在谈判中用这封信揭穿美国的谎言。1955年7月25日，中国外交部成立了一个中美会谈指导小组，中美双方决定两国的会谈由领事级升级为大使级，8月举行第一次大使级会谈。

1955年8月1日，中美大使级会谈一开始，王炳南率先对美方代表，美国驻捷克斯洛伐克大使约翰逊说："大使先生在我们开始讨论之前，我奉命通知你下述消息，中国政府在7月31日按照中国的法律程序，决定提前释放被俘的阿诺德、邦默、施米特、柯巴、布克和布朗等11名美国飞行员和军人，他们已于7月31日离开北京，估计8月4日即可到达香港，我希望中国政府所采取的这一措施能对我们的会谈起到积极的影响。"

1955年8月2日至4日，中美大使级会谈继续进行。约翰逊在表示谢意后，又拿出一份有36人姓名的名单说："美国关心仍被中国拘留的美国人，希望他们能够立即被释放。"

图 2-12　1955 年，中美大使级会谈，左侧为中国代表王炳南

随后王炳南大使也拿出了一份被美国限制出境的中国人的清单，清单上的姓名后面注明了他们的住址。约翰逊瞟了一眼名单，矢口否认美国政府扣留中国人的事实，并冠冕堂皇地狡辩说："美国政府授权我向您保证中国留学生离开美国绝对不会受到阻碍。"当提及钱学森回国问题时，约翰逊依旧老调重弹，没有证据表明钱学森要求归国，在钱学森本人没有提出这项要求的情况下，美国政府不能为满足中国的需要强迫一个有行为能力的人做他不愿意做的事。这时，王炳南便亮出了钱学森给陈叔通的信件，理直气壮地予以驳斥：既然美国政府早在 1955 年 4 月间就发表公告允许留美学者来去自由，为什么中国科学家钱学森博士在 6 月间写信给中国政府请求帮助呢？很显然中国学者要求回国依然受到了阻挠。在铁的事实面前约翰逊哑口无言，趁着谈判休会时机，他请示了美国政府。美国国

防部在给艾森豪威尔总统的备忘录中很负责任地写到：钱学森有应用于各种武器和关于喷气推进的大量背景知识以及阐明美国技术进展的非凡能力。但是被朝鲜战争后遗症搅得头昏脑胀的艾森豪威尔一时没有想起钱学森是谁，也不愿意再得罪不好惹的中国政府，就批了一句：让他回去吧。曾为钱学森做无罪辩护的洛杉矶著名律师库珀在获知这一消息时遗憾地说：美国政府同意让这位科学天才回到共产主义中国去发挥他的能力，是这个世纪美国的悲剧。

美国政府不得不批准了钱学森回国的要求。多年后周恩来在评价中美大使级会谈的意义时说：会谈虽然没有取得积极的成果，但是我们要回了一个钱学森，就是这一件事也使会谈非常值得。

1955年8月5日，钱学森终于收到了美国移民局准予他回国的通知。等待了5年的钱学森一天也不愿意耽搁，他当天立即订购机票或船票准备启程回国。当他得知最近启航的一班邮轮"克利夫兰总统号"只有三等舱的船票时，毫不犹豫地买下了四张票。从寄给陈老先生的信件发出后，他和蒋英就天天等、日日盼，等了一个多月，终于如愿以偿，所以不管是几等舱只要早日离开美国回到中国就行。

临行前钱学森和蒋英带着天真可爱的儿子钱永刚、女儿钱永真去向恩师冯·卡门告别，同时将自己新出版的《工程控制论》一书奉送给最敬爱的导师。不忍分离的冯·卡门眼里闪着泪花，默默地翻看了一会儿书页，慢慢地抬起头，紧紧拥抱了他一生最赏识的学生。他说："我为你骄傲，你现在在学术上已经超过我了。"冯·卡门拿出了一张自己的彩色近照，用给钱学森修改博士论文时的那种龙飞凤舞的花体字写了一行字：不久再见。然而，直到1963年82岁的冯·卡门因病去世，师生二人却再也没有见过面，但他们相互的思念和感恩都留在了彼此深情的回忆中。

1955年9月17日，钱学森带着妻子蒋英和一对幼小的儿女登上"克利夫兰总统号"邮轮，踏上了回国的旅途。临开船前，钱学森对报界发表了简短的讲话："我很高兴能回到自己的国家，我不打算再回美国，我已被美国政府刻意地延误了我返回祖国的时间，其中的原因我建议你们去问问你们的政府，我打算竭尽努力去帮助中国人民建设自己的国家，使我的同胞能过上有尊严和幸福的生活。"当他说到"尊严"一词时加重了语气，这其中蕴含在内心的苦楚和愤恨是常人难以体会的。

"克利夫兰总统号"邮轮从9月中旬走到10月初，一路停靠过夏威夷、日本横滨和菲律宾马尼拉，钱学森一家为了安全一直没有登岸观光。1955年10月8日黎明，轮船驶入香港海域，透过尘雾钱学森渐渐看清了祖国的海岸线，天色放亮，轮船距离香港中环码头很近了，为了避免发生意外，中国政府通过设在香港的中国旅行社与港英当局联系，派一艘驳船把钱

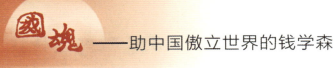

图 2-13　1955 年，钱学森和夫人蒋英、
儿子钱永刚、女儿钱永真在"克利夫兰总统
号"邮轮甲板上合影

学森等一批科学家直接从邮轮接到驳船上。驳船向北行至香港
九龙，钱学森一行上岸后乘车从九龙抵达罗湖口岸，当天 11
时 25 分到达深圳。

　　走到罗湖桥，钱学森一眼看到了迎风招展的五星红旗，蓝
天白云下，耀眼的太阳清晰地没有光轮，他不禁热血沸腾。为

了迎接钱学森回国，国内已做好了准备，还在 1955 年 9 月 15 日获知钱学森一家买好船票后，主管科学工作的国务院副总理陈毅便指示中国科学院尽快考虑钱学森的工作安排，派代表前往深圳迎接钱学森，并要求一定将钱学森一家安全护送到北京。

1955 年 10 月 8 日，对于钱学森来说是历史性的一天，历经艰辛终于回到了令他魂牵梦萦的祖国怀抱。中午他跨过罗湖桥抵达深圳，晚上到达广州，一踏上祖国的大地，钱学森就受到了热烈的欢迎和极大的尊敬。这与他在美国度过的 5 年屈辱日子相比，真是天上人间大相径庭。而此时的他还没有预料到，自己的归来真的为华夏大地带来了勃勃生机。

第三章

国之重器

新中国成立之初，百废待兴。面对西方的核讹诈与威胁，面对国内落后的工业发展现状，迫切需要提升国防力量，为中国发展赢得时间和空间。在这个可能改变中国命运的关键历史时刻，敢不敢挑战世界航空航天发展的金科玉律？中国能不能走别人没有走过的路？钱学森义无反顾地选择了能，用他自己的话说：我们不走美国发展的道路，也不走苏联的道路，而要走我们自己的道路，中国人民完全有能力自力更生，迎头赶上世界先进水平。钱学森在国民经济一穷二白、工业基础薄弱、科研条件落后、人才极度匮乏的条件下，担负起常人不敢承担的使命，带领千军万马，创造了"导弹实现中国造""两弹结合震苍穹""太空高挂中国星"的中国奇迹，让"两弹"发射至少提前二十年，让全世界不得不尊重中国人的声音，让一个曾经缺"钙"的民族挺起了脊梁。正如美国作家张纯如所说："在他的有生之年，钱学森将一个'黄包车之国'变成了拥有火箭的军事强国。"

钱学森在东风发射基地讲话

第一节　高屋建瓴擘划航天蓝图

钱学森回国后，看到在中国共产党的领导下，全国人民被最大限度地组织起来，全民族有一种自下而上、前所未有的建设新中国的信念和决心，自己也深受感染，浑身充满了力量。毛泽东问："学森同志，现在起，我们抓紧时间埋头苦干，争取在第三个五年计划末期，使我国能在原子能、火箭等最急需的科学技术领域接近世界先进水平，能不能做到？"领袖的信任和嘱托令钱学森感到分外的温暖和激动，一声同志的称呼，把这位刚刚从海外归来的学者与新中国的命运紧紧地连接在一起。钱学森说："只要计划周密、工作努力，是可以实现的。"

一、科学规划显现战略眼光

由于世界科学技术的迅速发展，发达国家主要生产行业的技术和工艺发生着日新月异的变化，与中国主要生产行业的现状形成了较大的反差。在这种背景下，1956 年 1 月 25 日，毛泽东在最高国务会议上说，我国人民应该有一个远大的计划，要在几十年内，努力改变我国在经济上和科学文化上的落后状况，迅速达到世界上的先进水平。五天之后，在政协二届二次全体会议上，周恩来明确提出了向现代科学技术大进军的号召，并要求国家计划委员会、中国科学院和有关部门制定新中国第一个远大规划《1956—1967 年科学技术发展远景规划纲要》，简称"十二年规划"。该规划要求，迅速壮大科学技术力量，力争在某些重要和急需的科学技术领域，接近或赶上世界先进水平。

1 月 31 日，国务院召开包括中央各部门、各有关高等学校和中国科学院的科技工作人员参加的制订科学技术发展远景规划动员大会。3 月 14 日，国务院成立科学规划委员会以领导规划编制工作，陈毅任科学规划委员会主任，委员为来自政府有关部门、科学界的 35 人。在科学规划委员会的领导下，科学规划小组以科学院物理学数学化学部、生物学地学部和技术科学部为基础，集全国 600 多位科学家参与规划编制。

在这一过程中，钱学森担任了"十二年规划"综合组组长，他运用渊博学识、聪明才智和综合集成的本领，与其他科学家一起出色地完成了科学规划制定工作，使规划内容既反映

图 3-1　中共中央领导人与参加拟制全国长期科学规划工作的科学家们合影，前排右十三为钱学森

第三章 国之重器

103

现代科学技术的发展潮流又符合当时我国国情。特别是他对喷气和火箭技术、原子能等国防尖端技术等方面的规划，即"紧急措施"的制定提出了许多富有前瞻性和战略性的指导意见，对我国国防高科技项目的发展产生了深远影响。

这份国家层面的中长期科学发展规划，为我国科学事业的发展勾勒了框架，并做出了初步的安排。它从自然条件及资源、矿冶、燃料和动力、机械制造、化学工业、土木建筑、运输和通信、新技术、国防、农业林业牧业、医药卫生、仪器计量和国家标准、若干基本理论问题与科学情报等 13 个方面，凝炼出 57 项重点科学技术任务，616 个中心课题，几乎涵盖了第二次世界大战以后发展起来的所有新科学和尖端技术。但是对于当时经济和科技水平都还比较落后的新中国来说，对这么多的课题进行同等程度的支持受客观条件所限，国家必须选择有所为、有所不为。那么，在哪些方面应当有所为，且亟待突破的呢？

在规划期间，科学规划委员会曾举办过一系列的专题学术报告。杜润生回忆说："有几个人报告的是当时世界上都属最尖端的内容，其中钱学森报告讲了核聚变，说原子弹爆炸这个问题解决了，现在问题是要搞核能的和平利用，不能用原子弹爆炸的办法。怎么样从海水里提取氢？怎么能够把氢聚变起来，把它点着。一个是制造核弹，一个是搞核能的和平利用都应追赶。"有些听过报告的专家感叹说，钱学森关于核技术的报告"比专门搞核技术的专家还清楚"。

为了体现"重点发展、迎头赶上"方针并起到带头作用，《规划纲要》完成后，科学规划委员会秘书长张劲夫在参加规划的科学家中组织了一个专门小组，成员有钱学森、钱伟长、黄昆、罗沛霖、王大珩、马大猷等。经过深入研究讨论、综合归纳，专门小组认为国家最为重要、最为紧急的是电子学、自动化、半导体、计算机、导弹、原子弹这六项。当时导弹、原子弹属于严格保密的国防尖端技术，国家已作出专门安排，其他四项为我国空白，又是重中之重、急中之急，必须要放在其他重点任务之前抓。为此，他们向国家特别提出"紧急措施"，作为优先发展的科学任务。这样，就形成了六项"紧急措施"，即规划的第 36 项"原子能的和平利用"，第 37 项"喷气和火箭技术的建立"，第 38 项"无线电电子学的研究和新的应用"，第 39 项"生产过程的机械化和自动化"，第 40 项"半导体技术的建立"，第 41 项"计算技术的建立"。在"紧急措施"确定过程中，钱学森起了举足轻重的作用，为"两弹一星"的成功奠定了基础。他在"喷气和火箭技术的建立"这项科学技术任务的说明书中指出，喷气和火箭技术是现代国防事业的两个主要方面，一方面是喷气式的飞机，另一方面是导弹，没有这两种技术，就没有现代的航空，就没有现代的国防。

二、抉择导弹不可替代作用

但是在各项资源条件都受限的新中国，优先发展飞机还是优先发展导弹？在当时曾有过一场很激烈的飞机与导弹之争，那时导弹的概念在国人心目中还是个模糊的词汇，大多数人不知道它是什么。彼时，苏联的人造卫星还没有上天，洲际导弹的技术也没有获得成功，导弹能否成为国防利器也没有得到公认，而中国又是一个科学技术比较落后的国家，有没有能力去发展这种技术？会不会犯战略决策上的错误？这都是悬而未决的疑问。相反，军事将领们对刚刚结束的朝鲜战争记忆犹新，对飞机在战争中的重要作用有着深刻的认识，因此，一些工业部门和军事部门的同志提出，应重点发展飞机，以巩固我国的空防。

可是钱学森并不这么看，他态度鲜明地反对优先发展飞机，提出应优先发展导弹。当时曾力主上飞机的空军司令员刘亚楼听说钱学森的观点后，大吃一惊：钱学森本是航空气动方面的专家，是航空专业的博士，我们国家的飞机制造业又这么落后，它是大有用武之地的，钱学森怎么会反对首先发展飞机！

因为刘亚楼清楚地记得，1950 年 10 月 19 日，他率领的空军领命保卫祖国领空，这一天也是志愿军跨过鸭绿江的时间，而那时，他的飞行员还没有训练好，他的部队两手空空，作为名副其实的"空"军，他和共和国的最高领导们都在眼巴巴地等待着苏联援助的米格战机。志愿军入朝初期，唯一的高炮团一共只有 36 门日制 75 毫米高炮，还有 12 门留在鸭绿江边保卫渡口。美军飞机有恃无恐，欺负我军没有还手之力，拼命降低飞行高度，追着志愿军战士扫射，急得挂帅前线的志愿军总司令彭德怀向他吼到：你的飞机什么时候来？依刘亚楼看来，优先发展飞机，掌握制空权是当务之急，朝鲜战争就是铁的证据。

钱学森是沿着美国航空航天历史轨迹走过来的人，他深谙世界各国的发展道路都是先有航空，后有航天。他自己也曾说过："从航空的历史来看，导弹是 50 多年来飞机发展的自然结果。"可为什么在中国就要走一条别人没走过的路呢？

归国时的钱学森，已经是集航空和航天科技理论、战略规划、工程实践和科学管理于一身的世界著名科学家，他曾亲自参加美国第一枚气象火箭和美国军方第一枚原始型导弹"下士"的研制工作，在火箭导弹技术的总体动力、制导、气动力、结构、计算机和质量控制等各个专业领域积累了丰富的知识和经验。因此，钱学森对中国该不该优先发展火箭导弹技术，能不能独立发展火箭导弹技术的判断，是有科学依据和清醒的估计的。

钱学森在东北考察时，曾对朱兆祥说：实际现象很复杂，看不出头绪，因素很多，不能在研究中全加考虑，因此，要把其中的主要因素和非主要因素分开，有经验的科学家会在少数重要因素中再选择其中的主要因素，这是一个创造过程。中国当时的首要任务是如何不挨打，然后是如何还击敌人，从这个角度看，无论是防御还是攻击，导弹都有优势，钱学森掰着手指比划到：你看，导弹比飞机飞得快，可以达到十倍声速以上，而超声速飞机最多为三倍声速，导弹打飞机，一打一个准，而飞机打导弹则很难打得着。

首先，从当时的国情来看，钱学森认为短期内不可能在飞机发展上取得快速突破。东北之行，使钱学森深刻地了解到当时中国的航空工业基本是空白。他分析了飞机的难点在材料，而材料问题在工业基础十分薄弱的我国是不可能在短期内解决的问题，飞机要上人，所以对飞机的可靠性、安全性和可重复使用性都有很高的要求，而每一个特性都要攻关很长时间；飞机还涉及复杂的飞行员训练、地勤空勤等庞大的维护保障系统，均非一日之功，需要很长时间的经验积累。

其次，从战略博弈的角度分析，发展导弹是战略取胜的捷径，要想在十多年的短时间内接近或赶上世界先进水平，必须抓住主要矛盾，从有利的方向上取得突破。钱学森对于从飞机发展到导弹做过一段通俗生动的描述：由于喷气推进剂的出现，航空业就随之而进入了一个新的阶段，即超声速飞行的阶段，但是飞机迅速地提高速度，也就带来了新的问题，例如歼击机时速近两千公里，飞得很快，飞机拐弯时产生的加速度因为有人驾驶而受到限制；在轰炸机方面，提高速度以后也有问题，燃料消耗过大。要设计超声速的远程轰炸机是非常困难的，因为问题的关键都是在驾驶人，对歼击机来说，如果没有驾驶人，就不用考虑加速度的限制，飞得再快，也还能转小弯，运用自如；对轰炸机来讲，没有人就不需要来回，单程就可以了，燃料也可以减轻一半。

但是，怎么样才能免除驾驶人呢？什么是没有人的飞机呢？那自然是导弹了。钱学森针对国内报纸上把导弹翻译成飞弹时讲道："我想最好把飞弹改成为导弹，所有的弹，不管是炮弹、枪弹，都是飞的，我们讲飞弹与炮弹不同，就是它在飞行过程中是有控制的，或者是有制导的，让他去什么方向，是在控制之下，所以叫导弹，就比较合适一点。"

第三，从技术上看，导弹技术并不比飞机更难，研制进度甚至会快得多，况且，导弹的使用是一次性的，相对飞机要容易解决得多，发展导弹技术唯一要解决的难题是制导问题，但这在短期可以突破。如果从导弹入手，几年之内，国家的防空问题可以解决，不挨打和还击敌人的问题也可以解决，我们赢得了与对手战略抗衡的时间，有利于航空工业积累经验、稳步发展。

三、拟中国航天奠基意见书

在参与制定科学规划的同时，钱学森还积极参与导弹研制机构的筹建。1956年春节，钱学森没有休息，他在奋笔疾书，完成周总理布置的"作业"。2月17日大年初五，钱学森起草的《建立我国国防航空工业的意见书》送到了周恩来的案前，为了保密，钱学森用国防航空工业代替了火箭导弹一词。钱学森的这份《意见书》，全文大约三千字，其中谈到了四个方面的问题：一、航空工业的几个部门；二、航空工业的组织；三、国内现状；四、发展计划。

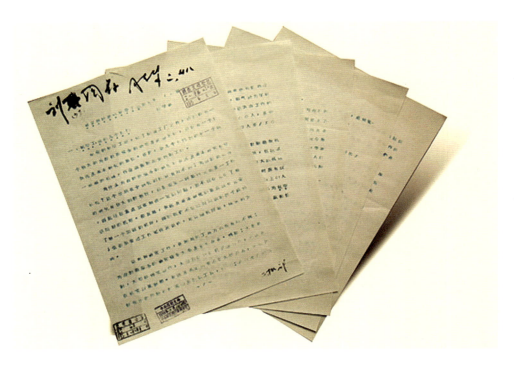

图 3-2　1956 年，钱学森撰写的《建立我国国防航空工业的意见书》

这份《意见书》显然是经过深思熟虑的，在重点文字下面，钱学森还画了线。一个在美国学习生活了 20 余年的著名专家，回国不到半年时间，就对党的各项方针政策、国内科学技术、工业基础和人才状况有如此详尽的了解，并在此基础上提出开创我国航天事业的意见，展现了他高屋建瓴的战略眼光和富有远见卓识的开阔思路。在《意见书》中，钱学森第一次系统地提出了发展我国火箭和导弹技术的重要意见，不仅勾画了我国航天导弹这一尖端技术的发展蓝图，而且令人信服地指出了可行的实施途径。他具有深厚的理论基础，又有丰富的工程实践经验，所以这份《意见书》从发展计划到具体措施，从组织领导到执行机构，从预先研究到研制生产，从专业配套到队伍构建，几乎在每一个层面上，都考虑得细致入微，具有很强的顶层设计指导性和微观层面的可操作性。

周恩来对钱学森交来的"作业"相当满意，用铅笔做了个别修改，并在标题下面替钱学森署上了名字。2月22日，周恩来让秘书把《意见书》印发给各位中央军委委员，在呈送毛泽东同志审阅的那一份打印稿上，他注了一笔："急送主席阅，这是我要钱学森写的意见，准备在今晚谈原子能时一谈。"原来在共和国领袖们的心里，正在谋划着"两弹"的惊天蓝图。

3月14日，钱学森列席了中央军委会议，这是个给历史留下了特殊印迹的会议。会议由周恩来主持，会上传达了中央关于研制导弹武器的决定，即由周恩来、聂荣臻和钱学森等筹备组建导弹研究的领导机构——航空工业委员会，按照钱学森的建议与设计，组建导弹科研机构、设计机构和生产机构。4月13日，国防部任命聂荣臻为航空工业委员会主任，钱学森为委员。5 月 26 日，中央军委又召开会议，研究通过了聂荣臻综合钱学森意见提出的《关于建立我国导弹研究工作的初步意见》。周恩来在会上说，导弹的研究方针是先突破一点，不能等一切条件都具备了才开始研究和生产，需要的专家和行政干部统一从工业部门、高等院校、科研机构和军队中抽调。8 月 6 日，国防部五局正式成立，钱学森任第一副局长兼总工程师。10 月 8 日，也就是钱学森归国的第二年，他受命组建了我国第一个火箭导弹研究机构——国防部第五研究院，并担任院长。

图 3-3 1956 年，钱学森负责组建中国第一个火箭导弹研究机构——国防部第五研究院

《建立我国国防航空工业的意见书》是中国航天事业起步的奠基之作，1956 年 10 月 8 日，也成了中国航天事业从原点起步的划时代的日子，这一天 45 岁的钱学森扶助着零碎的中

国航天走上了艰辛的自力更生与自主创新之路。在一穷二白的国度里，拥有中国人自己的火箭、导弹已不再是梦想。从此，中国导弹与航天科技事业正式驶上发展的轨道，并开启了腾飞之路。

四、绘喷气和火箭技术框架

钱学森以战略科学家的角度展望我国国防的未来发展，导弹结合核武器是必然之路。他以一个火箭科学家的职业敏感意识到，要搞原子弹，就离不开导弹，原子弹要真正形成战斗力和威慑力，需要导弹作为运载工具，二者必定会"两弹结合"。

我国航天事业开创者之一的任新民后来回忆说：钱学森看问题看得很深，当初我国搞战略规划时，面对航空和航天怎么投入，钱学森说，搞航空一定要解决长寿命的问题，要解决人的安全问题，这是个难题，一下子搞不出来，但是导弹我们可以尝试，我们资源有限，不能四面出击。所以他主张，先从导弹搞起。深入研究过钱学森思想的航天工作者陈中青说，当时摆在钱学森面前的，一方面是新中国国防安全急迫需要，一方面是十分薄弱的航空工业基础，如果按照外国航空航天的发展模式，中国若等待现代化航空工业发展起来再抓火箭导弹技术，那就不知要等到何年何月，这条道路显然不适合形势的需要。

　　钱学森深知导弹没有核弹头，也就形成不了强大的杀伤破坏能力，两者缺一不可。火箭作为一种运载工具，可以用来进行科学实验，也可以成为远距离杀伤武器，只有把它作为核弹头的运载工具时，才可以真正被称为战略武器。中国要有效地打破帝国主义的核讹诈，就必须拥有这种威力强大的武器。钱学森告诉大家，火箭导弹技术的发展，将彻底改变现代战争的模式，导弹可以从地面、地下、空中、水下或机动装置上发射出去，是赢得未来战争的战略性武器。况且中国人今后还要走出地球，还要搞星际航行，开发宇宙资源，和平利用外层空间，这都离不开火箭。

　　《规划纲要》第 37 项"喷气和火箭技术的建立"是在钱学森的主持下，由一批科学家共同完成的，它为我国喷气和火箭技术发展勾勒出了蓝图，其内容为："喷气飞机和火箭是现代飞行器技术中的最高成就。这种技术的掌握和发展对于增强我国国防有很大的意义。喷气飞机的速度可以达到超过声音传播的速度，飞行高度可以高达两万公尺，可发展为高速交通工具。火箭的速度更高，可以达到更远的高空，以至可以作为星际交通的工具。由于火箭是利用复杂的自动控制系统来控制飞行的路线，因此，在国防上可以达到超越远距离瞄准的要求，它同时也是近代空防的利器。这两种超高速度的飞行器在现代科学技术发展中是突出的高峰之一，掌握它、运用它和继续发展它必须要付出很大努力。"建立和发展这项新技术的工作内容包括："掌握喷气式飞机和火箭的设计和制造方法，同时研究其有关的理论，并建立必需的研究设备，从事高速气体动力学、机身结构、各种喷气动力、控制方法以及飞行技术的研究，使在最短时间能独立设计民用的喷气飞机和国防所需的喷气飞机和火箭。"

在这项新技术任务的说明书中，他们详细论述了发展喷气和火箭技术的意义、内容、目标、途径、进度、组织措施等。指出："喷气和火箭技术是现代国防事业的两个主要方面：一方面是喷气式飞机，一方面是导弹。没有这两种技术，就没有现代的航空，就没有现代的国防。建立了喷气和火箭的技术，民用航空方面的科学技术问题也就不难解决。""本任务的预期结果是建立并发展喷气和火箭技术，以便在 12 年内使我国喷气和火箭技术走上独立发展的道路并接近世界先进的科学技术水平以满足国防的需要。"解决本任务的途径是："必须尽先建立包括研究、设计和试制的综合性的导弹研究机构，并逐步建立飞机方面的各个研究机构。"解决本任务的大体进度为："1963—1967 年，在本国研究工作的指导下，独立进行设计和制造国防上需要的、达到当时先进性能指标的导弹。"组织措施是："在国防部的航空委员会下成立导弹研究院，该院自 1956 年起开始建设，1960 年建成。"这一决策的预见性和深远影响，在以后的岁月里越发显现。

在这些重大项目的论证过程中，钱学森展示出了渊博的学识以及对科学技术发展趋势惊人的预判能力。他善于根据国家的总体部署和要求，通过战略谋划和顶层设计来引领国防科技发展的能力，奠定了他作为战略科学家的非凡地位。他当时着重强调的一些研究方向和内容具有极高的科学思想水平，其重要性后来也与日俱增。曾在综合组担任秘书的何祚庥回忆说："在钱学森同志的主持下，当时的综合规划组曾逐项地讨论过56项重大科研任务。在讨论过程中，钱学森同志除了从国家经济建设、国防建设的需要的角度来审定这些项目的指导思想以外，他总是从现代科学可能有的发展的前景的角度，向这些项目的倡议者或草拟者提请他们注意现代物理和化学的成就对解决这些重大科研任务的作用和影响。这就使得这些科学研究项目的制订能看到科学技术发展的未来。"正是"有了这样一位科技决策的大战略家来主持，既符合了我国的国情，又突出了时代精神"。

第二节 "八年四弹"挺起民族脊梁

20世纪60年代初，是所有经历了那一年代的中国人都难以忘怀的岁月。由于"大跃进"的失误和持续的自然灾害，再加上苏联背信弃义，中途撤销援助，无论是人民生活还是国防工业发展都遇到了极大的困难。在中苏关系大变故和饥荒灾难深重阴影下的中国，国防科技之路该怎么走？钱学森以战略科学家的眼光，从大处着眼，以技术科学家的缜密，从细处着手，精心策划和组织实施了"八年四弹"规划，终于研制出中国自己的导弹，挺起了民族的脊梁。

一、探空火箭奠定坚实基础

探空火箭是中国发展航天事业的起步项目之一，也是中国在高新技术中较早达到国际水平和进入实用阶段的一个领域。

探空火箭是高空探测的一种手段和工具，具有研制周期短、成本低、发射使用灵活等特点。我国探空火箭的研制从1958年起步，在小型火箭研制、发射和回收方面，取得了一批重要成果。正是由于探空火箭的成功研制，它的许多开创性技术和探索实践为我国后期火箭发射人造卫星奠定了技术基础和工程经验，也为我国返回式卫星成功回收，乃至载人航天工程做了大量的技术储备。

作为中国航天事业的奠基人和领军人，钱学森从归国的那天起，就被党中央委以研制发展导弹火箭的重任，受命开创以"两弹一星"为标志的中国航天事业，并高屋建瓴地绘制了一幅适合中国国情的航天发展蓝图。

1958年8月，中科院决定将卫星发射作为当年的头号重点任务，并成立代号为"581"的工作组，由钱学森任组长。面对中国当时财力支持不足、基础工业薄弱和专业人才匮乏等困境，钱学森根据实际情况和中央的战略部署，提出由探空火箭研制起步的方略，摸索出实践经验后再向大型运载火箭进军，最终把卫星送上天。

同年 11 月，根据党中央的指示精神，承担发射人造卫星所需运载火箭研制任务的中科院第一设计院迁往上海，并命名为上海机电设计院。在设计院迁沪后的前三年中，钱学森每年都要到上海两三次，以考察有关设计院的工作。

解决发射场问题是探空火箭工程中的一件大事。在探空火箭产品研制成功后，上海机电设计院最终选定南汇县老港镇东南两公里的海边作为发射场。1960 年 2 月 19 日，中国第一枚探空火箭 T-7M 在南汇老港发射成功，这是我国火箭技术史上第一个具有工程实践意义的成果。

正是由于钱学森对于当时政治气候和经济环境的正确估计，并结合对内外因素和形势的科学判断，与其他领导同志力主纠偏，使得中科院党组适时提出了"大腿变小腿，卫星变探空"的务实方针。通过对探空火箭项目的全过程参与，锻炼了一支年轻的航天工程研制队伍，其中许多人后来成为我国航天领域的领军人物或技术骨干。其后"长征一号"火箭和"东方红一号"卫星的发射成功，离不开探空火箭项目为之打下的坚实基础。

二、撤援激发自主创新斗志

1960 年 7 月 18 日，苏联方面撤援的消息传到了正在北戴

图 3-4　钱学森（前排左四）在探空火箭发射试验现场

河召开的中央工作会上，毛泽东对前来汇报的李富春说："要下决心搞尖端技术，赫鲁晓夫不给我们尖端技术，极好。如果给了，这个账是很难还的。应该给赫鲁晓夫发一个一吨重的勋章。"

钱学森在 1997 年的回忆中这样详述过这段谈话："陈赓大将问我，中国人搞导弹行不行，我那个时候正憋着一肚子的气呢，中国人怎么不行啊，所以我回答得很干脆，我说外国人能搞的，难道中国人就不能搞，中国人比他们矮一截？陈赓大将听了以后非常高兴，说好极了，就要你这句话。"

图 3-5　1960 年 4 月 29 日下午，钱学森（左一）陪同张劲夫莅临上海南汇简易的发射试验场，视察探空火箭发射情况

早在 20 世纪 60 年代初期，聂荣臻就指示国防部五院，科研生产要按"三步棋"的原则来安排，意思是在同一时间内要同时进行三个层面的工作，一种是正在探索研究的，一种是正在设计和试制的，一种是正在定型和批量生产的。就一个具体型号而言，它必须经过预先研究、型号研制和批量生产三个

阶段。坚持预研先行，正确处理预先研究和型号研制的关系，是加速发展中国导弹事业的一个重要环节。

由于贯彻"三步棋"的指导思想，国防部五院开展了大量的预研工作，而且成果累累，为制定长远规划创造了先决条件。1059导弹仿制工作完成后，钱学森就在反复思考导弹的技术发展途径和长远规划，他多次与聂荣臻交换意见，认为我们不能被苏联的援助牵着鼻子跑，要从仿制中探寻规律，走自己的路。

1962年2月，国防部五院科学技术委员会成立，钱学森担任科技委主任，他建议各分院要组织科技人员研究各类导弹的技术发展途径和发展规划，尤其是弹道式地地导弹要形成一个系列，近程导弹、中程导弹、远程导弹各是多大的直径都要定下来。新老型号要有继承性，不能一个导弹一个样，否则对发展生产工艺会带来极大的困难。

4月21日，钱学森组建了由林爽、任新民、屠守锷、蔡金涛、吴朔平、钱文极、梁守槃和庄逢甘等人组成的三个小组，深入研究五院的技术发展路线，其中综合规划组由梁守槃任组长，地地型号组由屠守锷任组长，地空型号组由吴朔平任组长，以后又成立了固体发动机组。钱学森说，我们跟在别的国家后面是有路可循，但不是人家怎么走我们就怎么走，我们要结合自己的情况。

三、导弹计划初绘"四弹"蓝图

1945年，参加起草美国军方和美国国防部高技术报告《迈上新高度》，1956年又参加起草过我国《1956—1967年科学技术发展远景规划纲要》的钱学森，深谙制定计划路线和长远规划的重要性。1963年4月2日至5月16日，在钱学森的主持下，五院科技委召开首届年会，讨论地地、地空、海防导弹的技术途径和发展步骤。一分院技术副院长屠守锷代表一分院在年会上发表了地地导弹技术发展途径和步骤的报告，就导弹的射程、分类、级数、并串联、推进剂、弹体直径、制导方式、发动机类型、运输方式、机动性能、弹头类型等十几个问题进行了充分论证。

这个报告为后来的"八年四弹"规划勾画了蓝图，据谢光选院士回忆："八年四弹"的形成有两个过程，一个是五院科技委地地型号组组长屠守锷组织分院各有关单位收集资料，研究国外发展的情况，邀请有关专家座谈讨论，各抒己见。从我国实际出发，综合各方面的意见，提出我国发展地地导弹技术的初步设想。另一个过程是广泛征求部队用户的意见，后来总参派来了一位高级参谋参加我们的讨论研究，两个方面的意见形成了发展"四弹"的意向。

制定规划是一件非常严肃的工作。国防部五院广泛发动群众，充分发扬技术民主，组织广大科技人员进行了反复讨论和论证，比如，地地导弹规划组先后组织了两次群众性的大讨论。第一次是 1962 年到 1963 年，工程组组长以上技术干部 2000 多人参与讨论和修改。第二次是 1964 年到 1965 年，一分院组织院和所、厂两级领导机关人员，深入到科研生产第一线，充分听取领导干部、科技人员和工人的意见。还组织 2400 多人参加不同形式的三结合小组，充分发表自己的意见和看法。

在规划讨论中，争论很大的一个问题是，我国战略导弹究竟使用什么推进剂，一种意见主张用煤油液氧，理由是性能好，便宜；另一种意见是使用偏二甲肼、四氧化二氮，理由是技术成熟可靠。两种意见争持不下，钱学森引导说，讨论问题不要就事论事，首先要搞清楚，选用推进剂的原则。这个原则应该是一切从实战需要出发，显而易见，煤油液氧推进剂不可贮存，需要在发射前临时加贮，使用不便。偏二甲肼、四氧化二氮可以预先加入到导弹里，贮存相当长的时间。如遇战事，导弹拉出来就可以发射。明确了原则，大家很快就统一了思想。

在讨论规划的这段时间里，钱学森殚精竭虑，呕心沥血，常常夜不能寐，在确定导弹战术技术指标时，他必须考虑采用比较先进的技术方案，又必须考虑其有无预先研究的基础，可行性如何。他经常深入基层，和技术人员一起讨论问题，理清思路，亲自审查他们的计算结果。他告诉大家，我们的导弹发展思路是，既要有先进性，又要有继承性，要力争在较短的时间内花较少的经费研制出一系列性能指标优良的产品。

紧邻钱学森办公室的一分院科技部部长姜延斌经常看到钱学森在办公室里踱步自语，一会儿说接连补偿、平台计算机、四管并联摇摆发动机，一会儿又说东三、东四、东五、东六。后来姜延斌才知道，他在琢磨各种新技术、新原理、新组合如何在导弹研制中应用。最终，钱学森提出了1965年至1972年《地地导弹发展规划》，简称"八年四弹"。

除了地地导弹之外，钱学森还主持了地空、海防导弹的技术发展规划。当我国地地弹道导弹的发展有了一定基础的时候，钱学森又多次明确指出，要充分利用战略导弹已有的成果，迅速发展运载火箭。

钱学森敢于根据中国的国情独辟蹊径，迈小步不停步，先近程后远程，每一个型号都比上一个型号进一步，如此不断的技术创新，向前推动，走渐进式发展的道路。

"八年四弹"规划成为中国发展航天运载工具的路线图，为中国火箭、导弹和航天事业的发展作出了不可磨灭的巨大贡献。中国航天事业，正是按照这个方向沿着这条道路，一步一个脚印稳步前进。

四、"八年四弹"打下国防基础

1962年3月21日，"东风二号"首次飞行试验遭遇失败，大家的心情十分沉重。发射失败的第二天，国防部五院的两位负责人王秉璋和钱学森就乘专机赶赴发射场。

图 3-6 "东风二号"导弹发射失败后，钱学森（前排左四）率国防部第五研究院有关技术人员赶赴东风基地，分析失败原因

面对人们低落的情绪，钱学森不无风趣地对大家说："我在美国，每写一篇重要论文，成稿没几页，可是底稿却装了满满一柜子。科学试验如果次次都能成功，那又何必试验呢？经过挫折和失败，会使我们变得更聪明。"他鼓励大家振作精神，分析失败的原因，采取切实可行的措施，继续再战。

在天寒地冻的大漠之中，他带领大家花了两三天的时间捡残骸和碎片，任何一个小的螺丝钉都不放过。他鼓励大家不要有过多的压力，要不怕承担失败的责任。在他的鼓励下，每一个人都认领了自己负责的产品的碎片和残骸，并认认真真查找自己负责产品的故障。

各分系统研究室负责人把技术人员召集起来，组成了故障分析小组。大家从各自负责的分系统查找原因，仅在 1962 年五六月间就召开了 9 次全系统故障分析会。经过反复研究查找，故障原因逐渐明晰。钱学森认为，我们在仿制过程中并没吃透和消化近程导弹所采用的每个技术方案和要求，也没有完全掌握导弹设计规范和方法。他认识到，对导弹工程系统的复杂性认识不足，在总体和分系统综合设计上、各分系统之间的技术协调和接口匹配上考虑不周，这样即使每个局部都符合要求，集成后仍有可能出问题。而且，在科研管理方面，也没有建立技术责任制，缺乏严格的研制程序和工作制度。正是由于有了"东风二号"失败的教训，钱学森和国防部五院的各级领导对管理有了深刻的认识。钱学森花费了很大精力协助国防部五院党委，整顿工作秩序，制定科研工作规范，用系统的理念将五院的工作纳入科学管理的轨道。1962 年，钱学森提出了加强"总体设计部"的建设，强化总体设计、过程控制、综合集成的观点。有一次，他对身边的工作人员说："我现在改行研究科学管理了。"1961 年 11 月，《国防部第五研究院暂行条例》颁发试行。这个条例充分体现了钱学森的系统工程管理思想，其核心是"建立总体设计部，建立以总设计师为首的设计师系统，以行政总指挥为首的行政指挥系统（一个总体部、两条指挥线）"。"东风二号"的首发失利，促使钱学森带领航天人建立了一套科学有效的系统工程管理体系，特别是沿用至今的"一个总体部、两条指挥线"。从这个意义上说，这次失败是一次成功的失败，是中国航天展翅腾飞的历史性拐点。

梁思礼回忆，钱学森在故障分析的三个月中，几乎每个星期都到梁思礼所在的二分院一部，或听取汇报，或商量技术问题，或视察大家工作。很快，控制问题就解决了。其间，钱学森曾对控制系统提出了更高的要求，他说："即使导弹没有尾翼，像一支铅笔似的，也要能稳定飞行。"他还拿一支铅笔比划给科研人员看。

历经 17 项地面试验、105 次发动机试验后，"东风二号"再次运往酒泉发射场。1964 年 6 月 29 日，修改设计后的"东风二号"中近程导弹在发射场发射，试验取得了圆满成功，从而翻开了我国导弹发展史上崭新的一页。

1964 年秋，周恩来提出增大"东风二号"的射程，使其真正成为实战武器的要求。1965 年 2 月，中央专委正式作出提高"东风二号"射程的决定。此后，总体设计部对设计方案进行了修改，通过提高发动机推力和减轻结构重量等措施达到增大射程、改善作战性能等目的。改进后的"东风二号"称为"东风二号甲"。

1965 年 11 月，"东风二号甲"成功进行了首次飞行试验，而且在不到两个月的时间内接连多次发射成功，为后来进行的

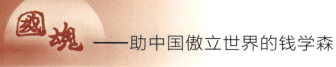

图 3-7　1964 年，钱学森同张爱萍一起组织指挥了中国第一枚改进后的中近程导弹"东风二号"发射试验

"两弹结合"试验提供了关键依据。

1966 年 10 月 27 日，在聂荣臻元帅的亲自指挥下，"东风二号甲"中近程导弹在隆隆的巨响声中点火升空，如同一条喷火的巨龙刺向苍穹。9 分 14 秒以后，核弹头在距离发射场 894 公里之外的罗布泊弹着区上空成功爆炸，标志着我国有了可用于实战的核导弹。1967 年 12 月，"东风二号甲"改进型导弹定型，随之进行了小批量生产，使用情况一直良好。1969 年，"东风二号甲"改进型导弹正式装备部队，成为第一代为我国站岗放哨的战略核导弹。

"东风三号"导弹的前身叫"东风一号"导弹。国防部五院成立之初，就把这个型号列入规划任务。"东风一号"导弹的方案探索与论证工作是从 1958 年开始的。11 月，国防部五院在论证的基础上提出了"东风一号"导弹的主要性能指标。接着，各种方案的研究讨论陆续展开。

1960年2月，国家相关部门召开了"东风一号"导弹设计会议，明确任务，组成设计组，开展相关工作。接着，相关单位提出了型号设计的初步要求。为了缩短战线，集中力量研制"东风二号"导弹，1962年5月，国防部五院党委决定，先不考虑"东风一号"导弹的总体设计，但要继续开展重点项目的预先研究。"东风一号"导弹的方案探索暂告以段落，转入预研阶段，但作为一次早期探索，仍有重要的历史作用。基于"东风二号"导弹首次飞行试验失败的经验，"东风一号"作为新型号，相关单位充分认识到预先研究的重要性，认真抓了与"东风一号"配套的各项预研课题。

1964年3月，"东风一号"导弹改称为"东风三号"导弹。"东风三号"导弹在研制过程中，由于具有充分的预研基础，加上比较正确的设计指导思想，以及开始运用系统工程的管理方法，从1965年3月批准总体方案开始，到1965年年底就基本完成了各分系统的试制，并陆续开始各项地面综合试验。1968年12月和1969年1月，"东风三号"导弹02批先后进行两次飞行试验，均取得成功。

"东风四号"导弹从1965年立项到1970年发射成功，只用了六年时间，使我国的弹道导弹技术再登高峰。时任"东风四号"导弹动力装置组组长的姚凤礼回忆起当年的研制过

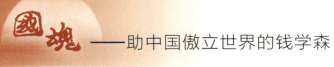

图 3-8 "东风三号"导弹

程，用了"苦尽甘来"四个字形容。

"东风四号"导弹的研制过程正好处于"文化大革命"时期，工作进度也受到了干扰，但技术人员仍坚持在工作岗位上，时任七机部一院副院长的任新民亲自负责主抓"东风四号"导弹项目。由于"东风四号"导弹是在"东风三号"中程导弹的基础上改进而来，第一级采用了"东风三号"导弹的发动机，其技术相对成熟，但为了使导弹打得更远，就必须采用多级结构设计。

姚凤礼回忆说，"东风四号"导弹的第二级发动机完全是重新设计的，为了对新研制的发动机进行试车，检测各项性能数据，就必须做一次全弹试车试验，其地点选择在北京云岗的某火箭试验台。

1968 年，"东风四号"导弹开始转入发射场合练，为最后的飞行试验做准备。据姚凤礼回忆，在基地进行第一次合练用了 3 个多月，通过合练又暴露出了一些问题，其中就发现导弹上安装的气浮陀螺在靶场遇到了气压偏低的情况，陀螺仪表工作不稳定，精度较差，这是之前没有遇到过的问题，后来经过技术人员多日试验才得到解决。

1969 年 11 月 16 日，"东风四号"导弹进行了首次飞行试验，结果发射失败。"当时大家都认为发射成功了，就在这时，天空中隐隐约约出现一团火球，也不知道具体原因，只知道发射失败了。回到指挥大厅，大家就开始查找原因，结果发现是导弹的指令系统发生了故障，计算装置未能发出一级关机指令信号，导致第一级发动机未关机，第二级发动机未点火，两级未分离，燃料箱承受不了载荷，才发生的爆炸。"姚凤礼回忆道。找出原因，解决问题，一切都已准备就绪。1970 年 1 月 30 日，"东风四号"导弹第二枚遥测弹腾空而起，直插云霄，随后准确命中预定目标，飞行试验取得圆满成功。

1965 年 3 月，中央专委决定研制洲际导弹，并将其命名为"东风五号"。这也是钱学森主持的《地地导弹发展规划》中"八年四弹"的最后一弹。

叶剑英元帅说："没有洲际导弹，毛主席睡不好觉。"因

图 3-9 "东风四号"导弹

此，军管会加紧推进洲际导弹的研制工作，并要求科研人员在第二年国庆前将"东风五号"发射上天。为了赶进度，军管会还提出减少导弹试验数量、缩短研制周期等措施，承担主要任务的北京地区专门组织了导弹各分系统的生产"大会战"，这些措施虽然加快了导弹研制进度，但这种不按科学规律办事的做法，为后续工作埋下了巨大的隐患。

"八年四弹"的四弹中前三者之间都有技术继承性，而

"东风四号"到"东风五号"的研制跨度比较大。概括起来，"东风五号"要攻克十大关键技术，比如大推力火箭发动机技术、计算机制导技术、推力矢量控制技术、新型突防技术、地下井热发射技术等等。每一项新技术都是研制人员需要面对的拦路虎。

在"东风五号"之前，导弹上的计算装置没有用计算机。作为洲际导弹，"东风五号"要求目标打击精度更高，于是，梁思礼提出采用刚刚问世的运算速度较高的集成电路计算机。当时仅有美国的民兵-2导弹使用了集成电路弹上计算机，元器件还出了很多问题，苏联也正在进行相关研究。我国的计算机处于从电子管向晶体管转变的时期，整体技术还比较落后。因此，梁思礼的这一提议，无疑是大胆而且超前的，他自己都用"在白纸上画画"来形容这项任务的艰难。

后来，这一任务分解到中国科学院156工程处（航天科技集团九院771所前身）。从北京大学毕业工作了8年的沈绪榜被调到该处，任箭载数字计算机设计组组长，专门负责这种专用计算机的方案、逻辑设计等工作。万事开头难。当时的很多工作都需要手工完成，大量的数据只能靠穿孔纸带输入，实际运算一次要花费很多时间。

沈绪榜还清晰地记得那段日子，他和同伴们度过了一个个不眠之夜，攻下了一道道技术难关，他们就像流水线一样不停地运转着。1966年9月，一台自行设计全部国产的双极小规模集成电路箭载数字计算机的样机诞生了。正当大家如释重负的时候，一个坏消息让所有人的脑袋都耷拉下来：所有数据都达标，但是计算机体积过大，装不进弹舱。梁思礼开动脑筋和大家一起商量："我们搞一个增量计算机，只会加减不会乘除，这样能大大减少弹上计算机的集成电路量。"

在科研人员的努力攻关下，这台用于"东风五号"洲际导弹的计算机，竟然是只有 12 条指令、没有乘除法指令的算术型增量计算机，存储量小得只有 768 个字。而航天科技工作者借助智慧的头脑用小机器完成了大使命。就这样，经过反复论证和试验，"东风五号"各系统的技术方案逐渐确定下来。此后，"东风五号"的研制进度明显加快，可靠性也大幅提高，在之后数次不同弹道的飞行试验中都获得成功。

1980 年 5 月 9 日，一则授权新华社发布的公告引起了全世界的关注："中华人民共和国将于 1980 年 5 月 12 日至 6 月 10 日，由中国本土向太平洋南纬 7 度 0 分、东经 171 度 33 分为中心，半径 70 海里圆形海域范围内的公海上，发射运载火箭试验。"这次试验代号为 580。

1980 年 5 月 18 日凌晨 2 点，酒泉发射场，我国首枚洲际弹道导弹"东风五号"矗立在发射台上，发射操作人员正在进行临发射前的各项准备工作，此时的钱学森习惯性地看手表，校验试验发射时间，从西北大地到南太平洋试验海域的全体参试人员均已进入临战状态。

图 3-10 "东风五号"发射前,钱学森在校准时间

北京时间上午 10 点整,"东风五号"在发射场拔地而起,直上云天。观测组所有人的眼睛都开始注视那神秘的天空。不久后,测控雷达发现目标。"发现目标!"一个响亮的声音打破了寂静,数十秒后,海平面上扬起一股几十米高的巨大水柱,这是弹头落水激起的"冲天浪"。

"东风五号"全程飞行试验的成功,标志着我国拥有了第一代洲际导弹,也标志着我国成为继美国和苏联之后世界上第三个进行洲际导弹全程试验获得成功的国家,它打破了超级大国对洲际战略核武器的长期垄断。

鲁迅说:"我们从古以来,就有埋头苦干的人,有拼命硬

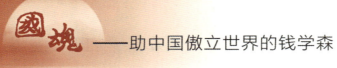

图 3-11　1980 年，钱学森参与组织领导了中国洲际导弹"东风五号"第一次全程飞行试验

干的人，有为民请命的人，有舍身取法的人……这些人构成了中国的脊梁。"正是有了钱学森等老一辈航天人以"自力更生、艰苦奋斗、大力协同、无私奉献、严谨务实、勇于攀登"的航天精神，制定了"八年四弹"规划并成功研制出中国自己的导弹，使中国航天事业从无到有、从小到大、从弱到强，屹立于世界民族之林，挺起民族的脊梁。

第三节 "两弹一星"赢得和平发展

"两弹一星"是战略导弹、核弹、人造地球卫星的简称，是新中国最引以为傲的伟业之一。新中国刚刚成立，面对较为复杂和险恶的国际环境，如何保证经过一百多年英勇斗争、由数千万烈士鲜血换来的新中国不被扼杀，并且力争有一个较长的和平发展时期，是当时需要思考的首要问题。出于对时代特征和帝国主义本质的深刻认识，以毛泽东同志为首的新中国第一代领导核心在20世纪50年代中后期毅然作出我们要搞原子弹，也要搞人造卫星的重大决策，"两弹一星"工程应运而生。几十年的实践证明，这一决策非常正确、及时。它的成功实施不仅使我国获得了总体上相对和平安定的发展环境，而且以最短的时间和最小的代价在当代最宏伟、最复杂的航天科技领域取得了令世人震惊的成就。"两弹一星"的发展也使中国成为世界上有影响的大国，成为一支维护世界和平稳定的重要战略队伍。

一、"两弹结合"攥成中国铁拳

1964年10月16日15时，中国第一颗原子弹在罗布泊的一座百米高塔上爆发出惊天动地的巨响，蘑菇云拔地而起，爆炸威力达2万吨TNT当量以上。中国的核爆炸让世界大吃一惊，面对大漠戈壁上空的晴天云团，一位富有远见的政治家断言，那不仅是火红的云团，更像是举起的拳头，是中国人用能力和志气攥成的铁拳。

气急败坏的美国人根本不相信中国的能力，美国国防部部长麦克纳马拉以十拿九稳的口气预言："中国五年内不会有原子弹运载工具，没有足够射程的导弹，原子弹也无从发挥作用。"有的媒体应声嘲笑中国是"有弹没枪，一通瞎忙"。他们的说法不是没有道理——在极难取得制空权的现代化战争中，飞机很难作为运载核武器的有效工具，如果没有导弹作为运载工具，核弹将形同虚设。钱学森也早就意识到，导弹没有核装置，就形成不了杀伤破坏能力；同样，核装置没有导弹相辅，对万公里以外的目标也不具有威慑力，两者缺一不可。于是，在中央专委的直接领导下，1963 年 11 月，国防部五院一分院副院长、"东风二号"导弹总设计师林爽向二机部九院领导朱光亚等介绍了中近程导弹的参数以及正在研制的情况。第二年春天，在钱学森的支持下，双方协商了在弹头内安装核装置的要求和基本参数。一分院总体设计部一室（总体室）及四室（弹头室）抽调专人组成"两弹结合"小组，代号为140 小组，"两弹结合"拉开了序幕。

1964 年 9 月 17 日，中央专委正式对"两弹结合"工作做了部署，决定由二机部和国防部五院共同组织试验方案论证小组，由钱学森负责抓总。同时，中央决定以五院为基础，成立导弹工业部，名为七机部。在"两弹结合"试验中，钱学森要抓总的是小、枪、合、安 4 件大事。"小"，指的是原子弹要小型化。此外，原子弹还必须能够承受导弹起飞后的噪声、冲击、振动和弹头载入大气层产生的气动噪声、振动、高过载等固有的环境条件。"枪"，指的是"造枪"——研制原子弹的运载工具。运载工具以"东风二号"导弹为基础改进而成"东风二号甲"导弹。"合"，指的是"两弹结合"。为适应原子弹的要求，导弹必须要做许多相应的技术改进。比如射程要远，安放核弹头的密封舱既要有减震和缓冲的功能，还要有一定的干度、温度和湿度。"安"，指的是安全。没有哪个国家敢在本土上进行"两弹结合"试验，何况弹道下方还有居民点。

原子弹的小型化工作，主要依靠二机部的人员完成。根据小型化的技术指标，1965 年 5 月 14 日，我国用飞机空投了一枚"核航弹"，在新疆核试验基地成功实施了空爆。之后，又在地面对核装置进行了一系列噪声、振动、冲击和温度等模拟试验。

"造枪"工作在钱学森的亲自指挥下进行。"东风二号甲"导弹在"东风二号"导弹的基础上进行了方案性的设计修改，发动机的推力由 40.5 吨提高到 45.5 吨（实际验收时达到 47.5 吨），射程从 1000 公里提高到了 1200 公里，控制系统改为全惯性制导，提高了导弹的作战性能。"东风二号"的控制系统采用的是苏联的无线电横偏校正方案，配置在发射阵地后方几十公里长的横校阵地像一条大尾巴，既容易暴露目标受到干扰，又不方便移动，不符合实战要求。设计人员提出了横向坐标转换方案加纵向双补偿制导方案，在弹上增加一块横向加速度表，经过简单的计算就可以达到更好的控制效果，割掉了控制系统的"大尾巴"。钱学森支持了"割尾巴"方案，设计单位按照中央一年的期限完成了任务。从 1965 年 11 月 13 日到 1966 年 1 月 6 日，在不到两个月的时间里，"东风二号甲"连续 8 次飞行试验，7 次成功，1 次失败，失败的原因是一起偶然事故。"东风二号甲"研制成功，不仅为保卫祖国提供了站岗放哨的重要武器，而且成为发射核弹的一支"好枪"。

图 3-12　1966 年 10 月，进入发射场的"东风二号甲"核导弹

"两弹结合"更不容易。为了给核装置提供适宜的环境，"东风二号甲"的弹头采用了玻璃增强塑料材料防热层，可使壳体的温度降到 100℃以下；为了给核装置提供飞行环境数

据，研制人员创造性地研制了硬回收装置；放置核弹头的密封舱还配备了空调，增加了减振和缓冲设备。此外，保密级别不一也成为阻碍"两弹结合"的因素之一。在"两弹结合"初期，由于两支队伍的保密级别不对等，给双方的信息交流以及合作带来了很大的困难。为了解决这类问题，钱学森深入实验室了解情况，召开了多次协调会，最终建立了畅通的交流渠道，"两弹结合"安全保障得到重视，对"两弹结合"工作起到了积极的推动作用。

为了保障"两弹结合"试验的安全开展，1965 年 5 月 4日，中央专委会召开第十二次工作会议，专题研究"两弹结合"试验的安全问题。钱学森带领专家和技术人员组成作业队、试验队进驻发射场区，与基地共同承担"两弹结合"的科研试验任务。针对这次试验，周恩来曾提醒过大家，"两弹结合"要严肃认真、周到仔细、稳妥可靠、万无一失。为了确保安全，"两弹结合"试验前，政府部门组织导弹飞行经过地区的居民进行临时疏散。很多人都被疏散了，但是有个单位的干部群众却很难说服，理由是相信解放军不会有事。钱学森听说以后亲自出马，群众听说来了位大科学家纷纷出来听他讲话。钱学森亲切地说："我们要进行的这次试验很重要也很危险，你们不是相信解放军吗？解放军办事有个原则，就是不怕一万，就怕万一。我今天能够告诉大家的就是现在不是万分之一，而是千分之一、千分之二。这是万分之一的十倍二十倍，你们说该不该考虑、该不该疏散呢?"就是这么几句话,使得干部群众心服口服,没有人再犹豫,大家很快就按政府的要求疏散了。

10 月 24 日晚,"两弹结合"试验准备就绪,聂荣臻向毛泽东汇报情况。据聂荣臻办公室工作记事本记载:1966 年 10 月 24 日晚上,聂荣臻和周恩来、叶剑英来到钓鱼台国宾馆向毛泽东做了详细汇报。当聂荣臻汇报到"两弹结合"试验准备工作已经就绪时,毛泽东高兴地笑了起来说:"谁说我们中国搞不成导弹核武器,不是搞出来了嘛?"毛泽东批准了这次实验,同意聂荣臻到现场主持试验,并特别安慰道:"这次试验可能打胜仗也可能打败仗,失败了也不要紧。"

10 月 25 日,聂荣臻乘专机飞往西北发射场主持我国第一次导弹核武器发射试验。此时已经在基地忙碌了 20 多天的钱学森接到一院试验队报告,有两枚导弹同时检测完毕均符合要求,请示钱学森选哪一枚来运载核武器。试验队党委讨论认为,上天的产品不但在生产过程中要"履历清楚",而且在测试中也要"历史清白"。特别是测试参数,不仅是合格的,而且是稳定的。据此,大家一致同意选 10 号导弹担当大任。钱学森同意这种选择,他说:"凡高精度的东西,都是同批中挑选装配出来的,再进一步分析高精度的原因,找到误差项,进行误差分离,得到更高精度的器件。选择全弹也是一样的道理。"

　　10 月 26 日，风沙遮天蔽日，能见度不到 20 米。导弹和核弹头运到发射阵地后，聂荣臻、张震寰、钱学森、李觉等领导同志冒着大风，一直在阵地上仔细观察试验部队操作。钱学森看到参试人员焦急的心情耐心地劝说大家：“大家不要着急，天气很快就会好起来的。天气不好，正好给了我们更多的准备时间，大家要充分利用这个机会，把准备工作做得更加细致、周到，万无一失。”

　　10 月 27 日，发射场天气阴转多云。风仍然很大，狂风卷起黄沙，铺天盖地，能见度只有 50 米。钱学森和大家商议，“发射准备工作继续进行，不到万不得已绝不中断试验”。

　　危险的两弹对接开始了。为了操作方便，操作手田现坤不畏严寒，脱去皮衣、手套，半蹲半坐在仅有 50 厘米高的导弹和核弹头的夹缝间，按照平时练了成千上万遍的动作要领，熟练、细心而准确地做着每一项工作，现场所有人的目光都紧紧盯着他的一举一动。天气虽然十分寒冷，但许多人的手心却在一阵阵冒汗，聂荣臻、张震寰、钱学森、李觉、李福泽、栗在山等首长一直站在塔架下，顶着沙尘暴陪伴着他的工作。终于，经过漫长的 80 分钟后，田现坤完成了全部操作。

　　临近发射时间，发射基地突然接到远在新疆的核试验基地的报告：核导弹的预定弹着区 3000 米高空，出现了一股 6、7级西南向强风。

　　这股风会不会使导弹核武器偏离弹着点。按时发射还是推迟发射，事关重大。聂荣臻立即拨通北京的专线电话向周恩来报告，周恩来果断地回答："一切由你在现场决定。"此时他镇定地与在场的钱学森等专家们紧急磋商得到的结论是影响不大，可以按计划发射。然后，聂荣臻又重新要通了周恩来的电话，陈述了商讨结果。周恩来表示同意。于是，准备发射的指令，从指挥所传向四面八方。

惊心动魄的时刻终于来临。

1966年10月27日9时，大漠上的风小了，挺立的发射塔架一层一层打开，像一只展翅欲飞的大鹏。突然，塔架下面腾起灼目的烈焰，我国第一颗装有核弹头的地地导弹拔地而起，直插湛蓝色的天空。导弹飞行正常，9分14秒后，核弹头在预定的距离——距发射场894公里之外的罗布泊弹着区靶心上空569米高度爆炸了。在周而复始的阳光中，静寂了千年的罗布泊，在那一刻记录了历史。"两弹结合"试验获得圆满成功。

聂荣臻激动地与钱学森热烈拥抱。他们奔上山坡与从事"两弹结合"试验的科研人员以及参观发射的人们一起欢庆胜利。聂荣臻随即向等在电话旁的周恩来做了汇报，周恩来声音哽咽着说："请转告科学家们，你们又一次响亮地回答了世界。"发射现场竖起了一面五星红旗，穿着厚厚冬装的聂荣臻、钱学森、谢光选、梁思礼等站成一排，大家笑逐颜开，摄影师为这些共和国不能忘记的功臣们，定格了一张难忘的照片。

图 3-13 "两弹结合"试验

图 3-14 "两弹结合"成功后聂荣臻(前排左八)、钱学森(前排左七)等在发射现场合影

从原子弹爆炸成功到核导弹试验成功，美国用了 13 年，苏联用了 6 年，中国只用了 2 年。"两弹结合"飞行试验的成功使中国有了可用于实战的核导弹。

二、两封信谱卫星出世前奏

度过三年困难时期后，钱学森带领的航天团队拥有了自行研制的"东风四号"中远程导弹，中国航天人已经在地地导弹方面初步掌握了规律。

1964 年 10 月，应国防科委邀请，中国科学院地球物理研究所所长赵九章等人来到酒泉导弹实验基地，参观 10 月 24 日最后一枚"东风二号"导弹的飞行实验。在了解了导弹的一些情况和发射卫星的可行性、运载火箭的发展前景等相关信息后，赵九章觉得，发射人造卫星的条件已经基本具备。于是，赵九章找到钱学森，商量如何共同推动发射卫星的工作。钱学森告诉赵九章："卫星仅处在科学研究阶段，上面顾不过来，可多做些宣传。"赵九章考虑到国家刚刚走出经济困难的阴影，要办的事情太多，而且琢磨了钱学森所指的"领导顾不过来"，可能反映了上级对卫星的意义作用考虑较少。所以，现在要抓住机遇，并通过各种途径做好人造卫星的宣传工作。既然中央如此重视导弹、国防，那么写建议时就要重点说清楚卫星在国防上的用途，发射卫星与发射洲际导弹的关系，卫星与新技术的关系。

1964 年 12 月，赵九章参加了第三届全国人民代表大会第一次会议。会上，周恩来在《政府工作报告》里说："我们要在不太长的历史时期内把我国建设成为一个具有现代农业、现代工业、现代国防和现代科学技术的社会主义强国，赶上和超过世界先进水平。"赵九章闻此按捺不住心中的激动，12 月 27 日，他连夜手写了《关于尽快全面规划中国人造卫星的建议》，于次日上午当面交给了周恩来。

赵九章在建议中紧紧抓住"国防""导弹"这两个国家最为关切的关键词，一再表示，发射卫星不妨碍我国洲际导弹的进展，两者是相辅相成、互相促进的。

第三届全国人民代表大会第一次会议一结束，1965 年 1 月 6 日，赵九章、吕强以地球物理研究所所长和自动化研究所所长的名义一起联名向中国科学院党组递交了一份正式报告，建议加快发展人造卫星的步伐。张继夫、裴丽生见此报告，很快批给星际航行委员会主任竺可桢审阅处理，竺可桢阅后立即在报告上批示："刻不容缓"。在此基础上，中国科学院组织力量草拟了发展卫星规划的纲要，正式形成一份中国科学院党组的报告《关于发展卫星研制工作的纲要和建议》，于 1965 年 3 月 11 日呈送中央专委。

钱学森意识到发射人造卫星的运载工具完全可以和目前导弹的研制工作结合起来，一弹两用。于是 1965 年元旦过后，钱学森向聂荣臻再一次提起中国人造卫星的问题。钱学森说：

"我们在卫星研究方面已经开展了许多研究，现在看来，应该提到日程上来了。搞卫星是很复杂的事情，只有及早准备，到时候才不会误事。"聂荣臻说："人造卫星的事，我跟总理也经常讨论。前几年我们在这方面的条件还不太成熟，做了一些基础性工作，去年国庆节的时候，毛主席还向我问过这方面的情况。"钱学森说："人造卫星的作用还不光在军事方面，还可以搞测地卫星、广播通信卫星、气象卫星等，尤其是载人卫星，前景很广阔。从我们现在所具备的条件来看，发射 100 公斤的卫星是可以实现的。"钱学森还向聂荣臻介绍了各种人造卫星的用途。

在赵九章给周恩来提建议的 10 天后，即 1965 年 1 月 8 日，钱学森向国防科委提交了一份题为《研制卫星打算》的报告，建议早日制订我国人造卫星的研究计划，并列入国家任务。

作为严格保密的国防系统的科学家，钱学森十分谨慎地把报告以文件的形式呈送给了上级主管单位——国防科委。

尽管两位大师在写信这件具体事情上没有相互通气，但是，他们写的信却出奇的浑然一体，相得益彰。赵九章说，"发射卫星需要有一段相当的时间，我认为从现在起抓这一工作已是时候了"。钱学森说，"这些工作是复杂艰巨的，必须及早开展有关的研究、研制工作，才能到时拿出东西"，"因此建议科委早日主持制订我国人造卫星的研究计划，列入国家任务"；最为一致的是，他们信里信外流露出的急切心情：国家立项卫星研制是必要的、适时的，再不拿出人造卫星，中国就会坐失良机。

两位"重磅人物"的来信，为中国人造卫星的横空出世带来了一个重大转机。

三、卫星上天终跃强国之列

1969 年 8 月 27 日，一枚供飞行实验中的两级火箭竖起在酒泉卫星发射中心 55 米高的发射架上，火箭刚刚竖起，便惊动了美国和苏联两个超级大国，连一直密切注视着中国"东方红一号"卫星发射动态的日本，神经也跟着高度紧张起来。

1969 年 11 月 16 日 17 时 45 分，酒泉卫星发射中心一枚两级火箭点火升空。但由于火箭控制系统发生故障，第二级火箭发动机未能工作，火箭不知去向。这次失败对钱学森和他的同事们的打击是沉重的。但大家并没有气馁，在全面查找原因后，准备继续进行第二枚两级火箭的试飞。

1970 年 1 月 30 日，距离失败后仅仅两个多月，中国第二枚实验火箭再一次竖立在发射架上。"点火"的号令发出了，试验火箭呼啸而起。随后，从着落区传来喜讯，火箭飞行成功。

1970 年 2 月，"东方红一号"卫星完成了出厂前的各项准备工作。但是，在孙家栋主持召开的卫星出厂鉴定会上，有人提出意见，卫星地面环境模拟试验只做了 5 天，而卫星的设计工作寿命是 14 天，怎么能保证卫星在天上可靠地工作 14 天以上？而如果这颗卫星真做了 14 天的地面环境模拟试验，会不会影响到卫星上天运行的寿命呢？由于这是第一颗卫星，谁也没有经验，做多少天试验确实是两难的事情。孙家栋一时不好作答，鉴定会暂时休会。鉴定会通不过，卫星就出不了厂，卫星发射计划就会耽误。会后，他立即向钱学森作了汇报。钱学森将卫星技术资料和测试文件仔仔细细读了两天，然后在鉴定文件的封面上郑重写下了一行字：此卫星可以出厂。钱学森以他特殊的专家身份，一语定乾坤。有了钱学森在关键时刻的大胆决策，第一颗人造卫星的出厂手续顺利完成。

1970 年 3 月 26 日，火箭卫星正式出厂。4 月 1 日，两颗"东方红一号"卫星和一枚"长征一号"运载火箭悄然运抵酒泉卫星发射中心。第二天，发射中心对火箭、卫星进行了各种测试，虽经长途奔波，火箭、卫星均完好无损。

4 月 14 日，钱学森与几位专家再一次乘坐专机由大西北戈壁滩飞回北京向中央专委汇报。一路上，钱学森都没有说话。他正在思考一只小小的"过载开关"的取舍问题，这个开关同"东方红一号"卫星在太空播放《东方红》乐曲有关。研制卫星时，有人提出这样一个问题，万一火箭上天后达不到第一宇宙速度，卫星便无法进入预定轨道，《东方红》乐曲也就不能响彻太空；倘若卫星坠落大海，神圣的《东方红》乐曲又依然在海水中高唱，那将成为政治笑话，影响国家声誉。钱学森想出了一个办法，在"长征一号"火箭的第三级上加一个"过载开关"。如果发射正常，"过载开关"不动作，卫星正常供电；如果发射失利，卫星坠落，便会产生很大过载，此时，"过载开关"就会切断卫星电源，误唱问题从技术上得到了解决。

当火箭、卫星到达酒泉发射中心后，测试中有人对这个"过载开关"本身提出了质疑。假如"过载开关"自身发生了故障，怎么办？这个问题虽然是假设，但不是没有可能。钱学森在卫星发射中心主持召开了三次技术讨论会，关于这个问题，两种意见相持不下。后来将这个小开关的难题提交到了国防科委。国防科委认为开关虽小，却事关重大，决定将这一问题报送中央审批。然而，眼看卫星发射在即，却还没有得到中央的回复。

4月14日晚6时30分，钱学森一行来到人民大会堂福建厅，向周恩来汇报了火箭、卫星进入发射场后的工作情况。当汇报到上天产品内有多余物时，钱学森以内疚的心情说："发射卫星的火箭是一枚大型三级火箭。但是，我们在发射场检查时总发现火箭仓内遗留下来的焊渣和钳子等多余物。"这时，周恩来的眉头紧锁了一下说："这可不行，这等于外科医生开刀，把刀子、钳子丢在了病人的肚子里，这是不能原谅的。"随后，各系统负责人作了进一步的详细汇报。汇报到安全方案时，周恩来仔细看着地图上标明的卫星发射时的火箭理论飞行轨迹，询问了如火箭发生什么故障时必须按照预案处理，发生问题火箭可能掉在什么地方，固体火箭坠地后爆炸威力有多大等问题。钱学森从容地回答道："'长征一号'火箭在飞行中如果发生故障，将采用两种手段使其在空中自毁：一是火箭上装有自毁系统，它一旦辨别出程序和姿态上的故障后，立即便可接通爆炸器的电源，瞬间即可自毁；二是一旦火箭发生故障，而自辨系统又迟钝，那么，地面遥控系统便会发出炸毁的指令，接通起爆器电源，从而使火箭自毁。"

周恩来听过钱学森的一番说明后，连连点头，这时，有人问道："万一自毁系统发生故障，该炸时不炸，不该炸时炸了，怎么办？"钱学森镇定地回答说："地面曾经做过多次自毁实验，各种数据是可靠的。"当汇报快要结束时，钱学森提起了"过载开关"的问题。他说："总理，关于那个'过载开关'的问题，不久前报告了中央，但未得到正式答复，现在很快就要发射了，这个开关是取消还是保留，直接关系到卫星播放《东方红》乐曲的问题，请总理决定。"周恩来询问了卫星的可靠性问题后说："既然你们认为可靠，那我个人认为这个开关可以不要。不过，我得先向中央报告之后，再正式通知你们。"

4月16日深夜10点多，周恩来亲自打电话通知国防科委："中央同意摘掉'过载开关'，并批准火箭、卫星从技术阵地转入发射阵地。"随后，毛泽东批示：同意发射！

4月23日深夜11时多，钱学森屋里的灯光依然亮着。他面对桌子上的"东方红一号"卫星发射任务书，几次三番拿起、放下、拿起那支纯蓝色墨水钢笔。他不敢掉以轻心，他知道这一笔责任重大，这一笔将震惊世界。思考半晌，他终于在"东方红一号"卫星发射任务书上工工整整地签上了自己的名字。发射中心司令员李福泽也在上面签了名，他们的"签字画押"就是中国火箭、卫星进入太空的放行证。

卫星发射时间预定在4月24日晚上21时30分。4月24日晚上19时多，最后检测完火箭的韩厚健等人，回到距离发射台约300米的休息室里，准备坐最后一辆汽车撤离。这时有个熟悉的身影闪进了他的视线，原来是钱学森悄然出现在发射台旁边。他脸上挂着平静的微笑，倒背着双手踱着方步，走走停停，似乎在考虑什么问题。在这个紧要关头和紧张时刻，他还是那么从容，似乎是在火箭旁边"过电影"，回想还有没有疏漏的地方。大家没敢惊动钱学森，一直到发射场拉响了撤离的警报，他才离去。

离发射时间还有20分钟，15分钟，10分钟……时间好像故意放慢了脚步。发射场区万籁俱寂，脐带塔上灯火通明，周围的聚光灯把发射台场坪照耀得如同白昼，巍峨的运载火箭屹立在发射台上。此时，在运载火箭飞行轨迹下方地带，火车停驶或临时停车；在通信干线上，有许多民兵巡逻值岗，全国的通信线路几乎有一半为卫星发射开放绿灯。

4月24日21时35分，随着现场指挥杨桓一声宏亮有力的"点火"口令，操作员胡世祥迅速按下了点火按钮，一声巨响，"长征一号"火箭4台发动机喷射出几十米长的纺锤形火焰，巨大的气流将发射架底部倒流槽中的冷却水吹出四五百米远，火箭在震耳欲聋的轰鸣声中徐徐飞上夜空，越飞越高，越飞越远，渐渐消失在东南方的天空中。

21时48分，现场指挥所传来"星箭分离""卫星入轨"的特大喜讯。发射场沸腾了，欢呼声、口号声响成一片。但这时，研制卫星的沈振金等人仍蹲在6平方米的小屋里，屋里鸦雀无声，他们的心还悬着——火箭成功了，卫星到底怎么样呢？《东方红》乐曲能不能传回来呢？几个人眼巴巴地静默了90分钟。当卫星运行第二圈飞过喀什上空时，酒泉卫星发射中心的收音机里突然唱起来："东方红，太阳升……"特别响亮悦耳。小屋里立刻炸窝了，大家高兴地拥抱雀跃；发射场坪也炸窝了。人们热烈握手，热泪盈眶，相互拥抱，钱学森来到欢乐的人群中，和大家一起分享这胜利的喜悦。看到多年奋斗的梦想变成了现实，他再也抑制不住激动的心情，流下了幸福的泪水。

1970年4月24日这一天，中国在第一个火箭发射实验基地酒泉卫星发射中心成功发射第一颗人造地球卫星"东方红一号"，成为世界上第三个独立研制和发射卫星的国家，中国航天活动的序幕从此拉开。

图 3-15 "东方红一号"卫星

"两弹一星"的研制成功，无疑使中国在以和平与发展为主题的全世界占据大国地位。历史发展表明，如果没有包括"两弹一星"在内的核威慑力量和相关国防科技的发展建设，60年来中国能够保持和平发展是不可想象的。"两弹一星"的研制成功增强了中国人民对抗外来侵略的能力，将祖国的发展和民族的安危紧紧地掌握在自己的手中；"两弹一星"的研制成功提升了中国国防科技和国防工业水平，使中国国防力量跃居世界强国之列；"两弹一星"的研制成功为中国赢来了和平稳定的发展环境，对中华民族伟大复兴起着不可替代的关键性作用。

第四节　载人航天承载民族梦想

作为中国航天事业的奠基人，钱学森高瞻远瞩，在载人航天承载华夏民族飞天梦想的宏伟蓝图中画上了浓墨重彩的一笔。是他敲响了载人航天最初的锣鼓，载人航天事业在悄然生息中起步；是他在"曙光一号"研制工作搁置时鼓励大家要将载人航天工程事业的眼光放得更长远些，尽早考虑人上天后干什么；是他拍案而起反对撤销航天医学工程研究所，悉心指导航天医学研究；是他在航天飞机还是载人飞船的争论中入木三分的点题，认为技术层面的事情需放到国情层面去考虑，将关键的一票投给了飞船。他总是在关键时刻发挥别人无法替代的作用。他挥舞巨擘，助推民族飞天梦想实现；力挽狂澜，匡正国家航天事业根基。

一、千年期盼承载飞天梦想

从嫦娥奔月的神话传说到莫高窟的飞天壁画，从战国诗人屈原的天问到明朝万户飞空的首次尝试，自古以来中华民族就对"飞天"充满着无尽的遐想与渴望。1961 年 4 月 12 日，苏维埃社会主义联盟共和国将世界上第一艘宇宙飞船"东方号"发射到地球轨道上，开创了人类宇宙飞行的新纪元。八年以后，世界上第一艘载人登月飞船，美国"阿波罗十一号"登上了月球。随着美苏两国在人类探索浩瀚宇宙中的激烈角逐和迅速发展，载人航天事业的成功已不仅仅象征着一个民族飞天梦想的实现，也象征着一个国家迈向现代军事科技的新高度，更体现出一个国家对世界发展所发挥的建设性成就。

这一时期，新中国熬过了最困难的日子，国民经济的调整基本完成，导弹、核武器等尖端国防领域也取得跨时代意义的突破。中华民族载人航天引起了中央高层领导和以钱学森为代表的老一辈科技工作者的高度重视和认真思考，他们思考着如何能够跟上世界航天发展的脚步。当时钱学森就说："先把载人航天的锣鼓敲起来。"正是钱学森这一振奋人心的话语，吹响了中华民族探索太空的号角，打开了中国载人航天发展的大门，鼓舞了众多怀有飞天梦想的科技工作者投身到载人航天的伟大事业中来。

载人航天事业探索初期，为进一步寻求中国空间技术的发展途径，开辟新的专业领域，在钱学森等专家的倡导下，自1961年起中国科学院举办了12次星际航行座谈会，每次都有专家作主题演讲，座谈会讨论的范围很广，主要涉及卫星的返回理论、温度控制、遥测、电波传播、航天医学和火箭动力学等。会上各位专家敞开思路进行热烈讨论，交流学术成果，促进各学科专业互相渗透。1963年，中国科学院还成立了由钱学森、裴丽生、竺可桢、赵九章等专家组成的星际航行委员会，专门来研究未来星际航行的规划，并且把正在实施的探空火箭生物试验也纳入了该计划。其中，钱学森对星际航行与洲际弹道式导弹、星际航行的动力学、人进入宇宙空间等问题，以及对火箭动力系统的展望发表了深刻独到的见解，尤其是他提出的"用装有喷气发动机的大飞机作为第一级运载工具、用装有火箭发动机的飞机作为第二级运载工具的天地往返运输系统"的设想，以星火燎原之势影响了科学界，活跃了整个空间技术研究的学术思想，也为后来的载人航天工程提供了基本的设计理念。

随着"东风一号"导弹和"东风二号"导弹研制实验的进行，钱学森开始谋划着将射程更远的导弹作为中国人造卫星和载人飞船的运载工具。中国科学院结合星际航行委员会的研究成果，在1965年7月提出了《关于发展中国人造卫星工作的规划方案建议》。这个规划方案相当宏伟，其中最令人激动的"大跃进"计划是，要在中国第一颗人造地球卫星上天之后五年发射载人飞船。1965年8月，中央专门委员会原则上批准了这个建议，为此还安排了近200项预演课题。之后，国防科委委托中国科学院召开了关于人造卫星总体方案系列规划论证准备会，会议讨论了载人航天的相关内容。钱学森非常重视这些规划论证会，百忙之中抽出时间参加这些会议，听取载人飞船专题汇报，并与大家一起展开激烈的讨论。正是这一次次规划论证，才逐渐产生了载人飞船的雏形。

星际航行座谈会一次次开展引发的学术思想大爆炸以及人

造卫星总体方案系列规划论证的宏伟蓝图，使钱学森意识到应将空间技术范围扩展得更为广泛，更为深远。1967 年 5 月，钱学森给聂荣臻同志呈送了一份关于组建"人造卫星、宇宙飞船研究院"的报告，报告中提出，"重量更大的载人卫星在国际上的应用，现在虽然还不十分明确，也得有所准备"。6 月 27 日，中央军委常委第 77 次会议作出"把现有较分散的科技力量集中起来，形成拳头，加速空间技术的发展，同意组建研究院"的决定。在中央的支持下，"人造卫星、宇宙飞船研究院"于 1968 年 2 月 20 日正式成立，并被命名为"中国人民解放军第五研究院"（新五院，后更名为中国空间技术研究院）。钱学森兼任院长，主要负责国家空间技术的抓总工作。在钱学森上任之后，载人飞船问题很快就被提上了日程。

钱学森深知空间领域的科技创新在增强国家综合实力、创造国家发展战略机遇中的作用日益凸显，而且它最先吹响太空探索号角，最能率先推动国家空间领域的科技创新，最能引领时代。载人航天作为综合性和集成化的尖端技术，形成的技术成果必将广泛运用于众多产业领域，引领技术创新和产品创新，其产生的长远的经济效益，必将增进人民福祉。因此为实现民族千年的飞天梦想，钱学森指出应该发展载人航天，这不仅仅为中国后来的太空探索提供方向性的指导意见，也为中国在世界航天发展中处于领先地位埋下深深的伏笔。

二、"曙光一号" 试水载人航天

1968 年 4 月，中国空间技术研究院在空间飞行器总体设计部正式成立了载人飞船总体设计室，由卫星专家王希季组织开展载人飞船总体方案概念研究，由范建峰负责具体的研究工作，自此载人飞船研究工作正式拉开帷幕。之后，钱学森以只争朝夕的精神开始了航天发展的规划研究，他认为载人飞船首先应该组织队伍力量进行总体方案的预研，在此过程中寻找关键性问题，并且尽早安排与载人飞船相关的协作项目。

1968 年 5 月 30 日，钱学森领导和主持制定《人造卫星、宇宙飞船十年发展规划（草案）》，方案中设想未来十年发射载人飞船，提出载人飞船系列规划为："千钧棒一号"，可载 2 名、3 名或者 5 名航天员的侦察飞船；"千钧棒二号"，可载 2 名、3 名或者 5 名航天员的歼击飞船。而在同年 9 月，载人飞船总体设计室就完成了载人飞船的任务分析、方案制定、总体性能参数分解与综合、轨道设计、构型设计以及分系统设计等一系列研究工作，提出了可载 1 名航天员的飞船方案论证报告，中央专委办公室命名载人飞船为"曙光一号"。最初的方案提出，中国第一次载人就要上 5 名航天员。钱学森经过慎重考虑，认为当时美、苏的飞船仅载有 2 名航天员，计划中的"阿波罗飞船"也只载 3 名航天员，我们还不能太冒进；因此，仅制订一个 5 人方案还不够，还需要提出 3 人或 2 人的方案，进行多方案比较。之后，钱学森又一鼓作气领导主持制订《第四个五年发展空间技术计划设想》，提出抓紧载人飞船的研制，集中力量发展航天飞机，他表示在未来的空间争夺中，需要充分发挥中国宇航员的作用。并计划于 1972 年发射"曙光一号"侦察飞船，进行有效的战略侦察，同时试验变轨机动飞行；1973 年发射"曙光二号"歼击飞船，它具有机动飞行、进攻能力；1975 年研制成功机动性能好、可在一般飞机场起落、重复使用、多种用途的航天飞机。积极筹建航天员训练基地，在 1971 年能够满足"曙光一号"飞船航天员训练的需要。

1970 年 4 月 24 日，来自全国 80 多个单位的 400 多名专家聚集在北京京西宾馆，参加"曙光一号"载人飞船总体方案讨论。七机部八院加班加点，赶在会议召开之际展示了他们初步设计出的载人飞船样图和"曙光一号"飞船的全尺寸模型。"曙光一号"飞船模型类似于美国第二代飞船"双子星座号"，看上去就像是一个倒扣着的大漏斗。飞船设计有座舱和设备舱，座舱里放置了两副航天员乘坐的弹射椅，配置了各种仪器仪表、无线电通信设备、控制设备、废弃物处理设备，以及航天食品和降落伞等。设备舱里配置的主要是制动发电机、变轨发动机、燃料箱、电源设备和通信设备等。

1970 年 6 月 30 日，钱学森专门致函国防科委代主任王炳章，他表示，当时最迫切的是，我国第一艘载人飞船"曙光一号"研制的组织落实问题，需要召开一次会议安排任务。

发射载人飞船必须有全球的跟踪遥测遥控和通信网，因此除中国内陆的台站外，至少还需要有两个船队分别布置于大西洋和太平洋，其中船队的准备时间是问题的关键所在，而发射飞船的时间也要与此配合。

1970 年 7 月 14 日，毛泽东主席圈阅批准了发展载人飞船的报告，并在这份绝密文件首页作了"即着手载人飞船的研制工作，并开始选拔、训练宇航员"的批示，这是早期中国载人航天工程见诸文字的最高批示。从此"曙光一号"载人飞船研制计划有了一个秘密代号——"714 工程"。毛泽东的支持极大地鼓舞了航天科技工作者，这就意味着"曙光一号"载人飞船正式上马，进入型号研制阶段。钱学森作为中国载人航天的技术统帅，一手抓"曙光一号"飞船设计，一手抓航天员的选拔、培训。11 月 27 日，国防科委拟就《关于研制载人飞船的请示报告（草稿）》，呈送周恩来和中央专委。钱学森强调指出："我们承担的都是中央专委、国务院确定批准的任务，我们一定要抓紧落实，认真做好，给国家一个好的交代！"

1971 年 9 月 13 日，"714 工程"筹备处在北京成立，"曙光一号"飞船的研制工作全面展开。为了早日迎接载人航天的"曙光一号"，钱学森深入一线，听取工程进展情况汇报，指导方案设计和产品研制。各承制单位开展大量试验，取得了许多研制成果，如在工程大系统方面积累了经验，提出了对运载工具、地面测量控制、发射场、测量船的总体要求和系统技

图 3-16 "714 工程"启动后，从空军选拔的航天员候选人在进行模拟训练

术性能指标，促进了相关配套系统的发展；在飞船外形设计、质量特性分配、返回走廊设计和安全救生等方面，均进行了大量的分析计算与技术攻关等。然而，由于当时国家经济和科技实力等因素的制约，"曙光一号"飞船最终被尘封在档案中。

周恩来实事求是地就中国载人航天的发展讲了几条原则，其大意是：不与美、苏大国开展太空竞赛，要先把地球上的事搞好，地球外面的事情先放一放，要搞国家建设急需的应用卫星。身为技术主帅的钱学森，在这样的大环境下保持了冷静。钱学森并没有放弃努力，一直坚持着载人航天的探索性研究。他明确提出："载人飞船不是下马，而是调整规划，积蓄技术力量，先干什么后干什么要排排队"。自此，中国暂缓了对载人航天的探索，而把精力和重点放在了各种类型的应用卫星方面，设计人员们后来在返回式卫星的基础上发展了中国的返回式遥感卫星系列。

1975 年，中国首颗返回式遥感卫星发射成功，三天后平安返回，成为世界上第三个掌握卫星回收技术的国家，这为之后开展载人航天技术的研究打下了坚实的基础。1979 年，中国"远望一号"航天测量船建成并投入使用，成为世界上第四个拥有远洋航天测量船的国家。远洋测量船队的建立证实了钱学森的战略远见，他在参观航天远洋船队时倍感欣慰。进入 20 世纪 80 年代后，中国的空间技术也取得了长足的发展，已经具备了返回式卫星、气象卫星、资源卫星、通信卫星等各种应用卫星的研制和发射能力。中国发展载人航天的"地基"已足够坚实，对空间技术研究的步伐也是稳健而坚定。

"曙光一号"载人飞船经过 8 年多的预先研究，取得了很多成果。虽然被搁置，可在 60 年前中国工业体系发展尚未完整的时期，钱学森以他的远见卓识带领我们制定了一个迈向科技新高度的宏伟发展规划，避免中国航天走了弯路，引导着中国空间技术发展的航向，并且目前绝大多数已成为现实。在钱学森带领下进行的这些初期实践，培养锻炼了一批从事飞船设计的技术队伍，这支队伍后来成为载人飞船的中坚力量；突破了一些关键技术，一是能发射载重卫星，二是能定点定时回收

图 3-17　1980 年 6 月 3 日，钱学森（左二） 在码头迎接执行首枚洲际导弹全程飞行试验测控任务的航天远洋测量船队

卫星；在工程大系统方面积累了经验，提出了对于运载工具、地面测量控制、发射厂、测量船的总体要求以及系统技术性能指标，促进了飞船相关配套系统的发展，对以后载人航天工程总体和几个系统的形成有直接的借鉴意义。这些队伍、经验与技术为我国实施载人航天工程奠定了理论上、技术上的基础，也为民族飞天梦想和国家发展作出了不可磨灭的贡献。

三、航天医学筑航天员摇篮

在实现载人航天的探索中，通过探空火箭或人造卫星将动物运载进入高空进行各种生物学实验也是一个重要的阶段，对安全成功的载人飞行具有重要意义。全国很多家单位都积极参与这些实验，中国科学院组建了生物物理所，成立了宇宙生物学研究室，军事医学科学研究院成立了航空宇宙医学研究所，中国医学科学院成立了宇宙医学专业小组，这几家单位都在探索生物在太空环境下的生存问题，进行中国最早的宇宙生物学和高空探测生物学的研究。

1966年，中国科学院生物物理研究所宇宙生物学研究室就已实现了"生物上天"，先后两次成功发射并回收了载有小狗的生物探空火箭 T-7A（S2）。两只小狗小豹和珊珊，作为探路先锋，分别乘坐火箭飞上了 70 公里的高空，成功完成了首批动物探空实验，这是中国为了解载人航天生命支持系统可靠性所迈出的第一步，是中国生物探空、宇宙生物学发展及载人航天发展过程中重要的里程碑。

图 3-18　最早进入太空的"航天英雄"小豹和珊珊

由于后期几家单位研究力量分散，经费不足，内容重叠，协调困难，钱学森认为，生物探空、宇宙生物学对于后期航天员培训和载人航天发展至关重要，解决组织体制问题迫在眉睫，要抓紧做好航天医学研究单位的整合。在钱学森、赵九章等老一辈科学家的呼吁和推动下，

1968 年 2 月 27 日，国防科委批复，正式成立宇宙医学及工程研究所（1973 年改名为航天医学工程研究所），主要负责从事宇宙医学科学研究与航天员的选拔、培养和训练工作。航天医学工程研究所成立之初，正值我国"曙光一号"载人飞船计划实施之际，全所立即轰轰烈烈地投入到各项航天医学课题研究、航天员选拔培训和大型地面设施的研制工作中去，可以说是钱学森亲自指导、创建、培育了我国最具载人航天特色的航天医学工程学这一新兴研究领域。因此，钱学森不仅是中国航天事业的奠基人，也是航天员科研训练中心的奠基人。

航天医学工程研究所成立第二年，钱学森亲自到所里调研座谈，主持指导航天医学总体方案的设计。他连续三个半天给科技人员作学术报告，报告极大鼓舞了航天医学工程研究工作者的信心。钱学森最了解航天医学工程研究所在载人航天中扮演的角色，他深知，无论是航天环境与防护学研究，还是航天员选拔训练，亦或医学监督和医学保障，都需要较长的研究适应周期和经验积累，建设这样一个单位着实不易。在航天医学工程研究所进入最困难的时期，一次科技委的讨论中就有人主张裁掉航天医学工程研究所。钱学森反复思量，航天医学工程研究所是日后发展载人航天的重要部门，裁掉容易，再建难。为了今后中国载人航天的顺利发展，一向温文尔雅的钱学森，居然极为少见地拍了桌子，坚决而又明确地表示了自己的意见，中国要搞载人航天，研究所不能撤。他多次在上层领导中做宣传说服工作，在研究所里他嘱咐所领导，要坚持载人航天地面模拟实验的所有课题。在钱学森的奋力奔走下，航天医学工程研究所的完整建制得以保留，但人员精简为几百人，全所科研工作重心转入航天医学工程预先研究。钱学森几乎每周都到所里参加学术交流活动，从学术思想到技术方法都给予具体指导，并坚持了长达六年之久。科技人员们发现，钱学森始终洞察世界上航天事业发展的信息，对世界载人航天的进展情况了如指掌，因此，对他的博学敏思充满崇敬之情。

图 3-19　钱学森在北京航天医学工程研究所举办讲座

钱学森还为航天医学工程研究所指引了新的研究领域，将系统科学引入人体科学和航天医学工程学中来。在研究所里举办的一次关于人脑的可塑性问题报告时，钱学森指出：航天医学工程所还是有基础的，我们不同于别人的就是有系统的观点，有系统科学的方法，有系统科学的理论。钱学森还一直与陈信、梅磊、梁宝林等老同志保持着密切的书信往来，从1977年至1999年，他们之间的学术交流信件达120余封，从模拟器研制到空间脑科学的研究，从航天医学工程学科的建立到相关装备的研制，他都提出了许多独到的见解。他在致陈信所长的信中说，人体是一个开放的、复杂的原系统、巨系统，怎样科学地探测这个人体系统，明确其功能、状态，始终是难题。在钱学森的指导下，在陈信等同志的努力下，航天医学工程研究所总结多年来载人航天医学工程科学实验的经验，作为与社会各界进行人体科学研究的交流平台，开展了大量卓有成效的工作。这是钱学森留给后人宝贵的科学财富，至今仍在产生积极作用。

航天医学工程研究所的成立，使原先分散各处的航天医学科研力量集中起来，形成合力开展研究。载人航天事业有了一个集中统一的医学工程结合的研究中心和培养训练航天员的基地，标志着中国载人航天事业达到了一个新的高度。时至今日，在钱学森的大力支持下，经过几代航天人的不懈努力和追求，航天医学工程研究所已发展成中国航天员科研训练中心，成为继俄罗斯加加林航天员训练中心、美国约翰逊航天中心之后的世界上第三个能独立承担航天员选拔训练的航天员训练中心。钱学森以他非同凡响的声望和地位，坚持主张航天医学工程的"预研方向不能变，研究骨干不能散"，守住了载人航天一块极其重要的阵地。航天医学工程研究所始终没有间断航天医学研究、工程研制以及航天员的科研训练，解决了生命保障系统和航天服研制中的技术难题，培养造就了一支医工结合的航天医学工程科技队伍，构筑了航天员培训的梦想摇篮，成为照亮中国载人航天事业宏伟蓝图的一道曙光。

四、远见卓识投飞船命运票

1986 年 11 月，国家"863 计划"决定利用两年左右的时间，对中国载人航天的发展途径进行概念性研究，航天技术领域专家委员会对于发展中国载人航天的必要性与可能的技术途径进行了深入论证。可供选择的天地往返运输系统方案开始共有五种：多用途飞船、不带主动力的小型航天飞机、带主动力的小型航天飞机、垂直起飞水平着陆的两级火箭飞机和水平起降两级入轨的空天飞机。

经过一年多的论证，专家委员会于 1988 年 7 月在哈尔滨召开了评议会。主导意见是，航天飞机和火箭飞机虽然是未来天地往返运输系统可能的发展方向，但中国目前还不具备相应的技术基础和投资力度，尚不宜作为 21 世纪初的跟踪目标；带主动力的航天飞机要解决火箭发动机的重复使用问题，难度比较大；可供进一步研究比较的是多用途飞船方案和不带主动力的小型航天飞机方案。

此后，围绕中国载人航天如何起步，飞船方案论证人员和航天飞机论证人员展开了长达 3 年的学术争论。

作为航天飞机代表方的航空航天部火箭技术研究院高技术论证组主要观点是"航天飞机方案"大大优于"多用途飞船方案"。载人飞船作为天地往返运输手段已经处于衰退阶段，航天飞机可重复使用，代表了国际航天发展潮流，这一时期正是航天飞机的黄金时代。它具有独特的起飞、在轨与返回方式，中国的载人航天应当有一个高起点。

而载人飞船方案论证组认为，载人飞船既可搭乘航天员，又可向空间站运输物资，还能作为空间站轨道救生艇使用，且经费较低，更符合中国的国情。航天飞机无论是造价还是维修费用以及发射场建设都相当昂贵，中国此时还不具备航天飞机的生产工艺条件。

中国航天究竟是走飞机之路，还是飞船之路，成为摆在中国人面前两条完全不同的路。抉择的十字路口，人们想到了钱学森。当时已经退居二线的钱学森，在航天科学界仍处于一言九鼎的地位。专家组特意征求钱学森的意见，钱学森认为航天事业又一重大发展是空天飞机，尤其是把它作为用半小时即可横跨 2 万公里的民航工具。所以空天飞机是 21 世纪的重大成就。但此项技术工作规模和难度空前，耗资达千亿美元以上。结合中国国情，为了实现更便宜、更安全和更灵活的载人航天飞行，他建议在我国研制成功载人飞船后，再将航天运输系统的目标，瞄准空天飞机。钱学森用十个字进行答复，"应将飞船方案也报中央"。最后，根据钱学森的建议，以及遵照"有所为、有所不为"和"优先目标、突出重点"研究发展的指导思想，确定了我国载人航天从飞船起步。今日载人飞船的一步步实现，充分证明钱学森在关键时刻的远见卓识，为中国日后太空探索指明了一条正确的、符合国情的道路。

1992年1月8日，中央专委召开第五次会议，专门研究发展我国载人航天问题。这是第一次将中国载人航天问题正式摆上中南海的会议桌。会议纪要显示，会上做出了这样的结论："从政治、经济、科技、军事等诸多方面考虑，立即发展我国载人航天是必要的。我国发展载人航天，应从载人飞船起步。"会议决定，在"863"航天领域专家委员会和航空航天部过去论证的基础上，由国防科工委组织各方面专家，进一步对载人飞船工程研制问题进行技术、经济可行性论证。

1992年9月21日，中央正式作出实施载人飞船工程研制的决策，提出研制和运行以空间站为核心的载人航天系统，而天地往返系统确定为宇宙飞船，即后来的神舟系列宇宙飞船。中国载人航天计划工程正式制定，批准我国载人航天工程技术经济可行性论证的汇报，明确了中国载人航天"三步走"的发展战略，这就是航天史上著名的"921工程"。第一步是发射无人和载人飞船，将航天员安全地送入近地轨道，进行对地观测和科学实验，并使航天员安全返回地面。第二步是继续突破载人航天的基本技术：多人多天飞行、航天员出舱在太空行走、完成飞船与空间舱的交会对接。在突破这些技术的基础上，发射短期有人照料的空间实验室，建成完整配套的空间工程系统。第三步是建立永久性的空间试验室，建成中国的空间工程系统，航天员和科学家可以来往于地球与空间站，进行规模比较大的空间科学试验。中国载人航天"三步走"计划完成后，航天员和科学家在太空的实验活动将会实现经常化，为中国和平利用太空和开发太空资源打下坚实基础。

中华民族的飞天梦想化作国家的发展战略，开始了实实在在的行动。以钱学森为代表的成千上万的科学技术人员、工程技术人员、后勤保障人员等航天科技工作者，迅速汇成了浩浩荡荡飞天队伍。他们坚持以科学进步为先导，攻克了一大批具有自主知识产权的核心关键技术；建立了具有较强原始创新、集成创新和引进吸收再创新的自主创新体系；建成了以工程专项管理为核心的五大管理体系；建成了航天员选拔训练中心、飞船研制试验中心、载人航天发射场、航天飞行控制中心、空间有效载荷研制试验中心等完整配套的具有国际先进水平的载人航天研制试验体系。在他们的大胆创新下，中国的科研能力实现了质的飞跃，中国在世界航天领域也占有重要的一席之地。

1999 年 11 月 20 日，"神舟一号"飞船成功发射，标志着中国载人航天首次无人飞行试验取得圆满成功；之后"神舟二号"到"神舟四号"无人试验飞船的太空探索，为中国真正实现载人航天飞行奠定了坚实的基础；"神舟五号"中国首位航天员杨利伟成为浩瀚太空的第一位中国访客，标志着中国已成为世界上继俄罗斯和美国之后第三个能够独立开展载人航天活动的国家；"神舟六号"实现多人多天飞行；从"神舟七号"实现航天员空间出舱，到如今"神舟十一号"与"天宫二号"完美交会对接，浩瀚太空留下了中国人的串串足迹。中华民族载人航天的征程，国人殷殷期盼，次次惊喜，民族千年飞天的梦想一步步成真。

在中国航天界，有一个不成文的"规矩"，神舟系列载人飞船成功返回后，航天员都会亲自上门去看望钱学森，这已经成了一种惯例，甚至是仪式。2004年元宵节，时任中央军委委员、解放军总装备部部长的李继耐上将、中国载人航天工程总设计师王永志院士和中国首飞航天员杨利伟去看望钱学森。聂海胜、费俊龙在胜利完成任务后，也都上门去看望钱学森，向这位"中国航天奠基人"表示由衷的敬意。每当此时，都是钱学森最喜悦，也最欣慰的时候，因为自己最初的愿景一步步成真，中国航天事业一步步前进，民族复兴的梦想也一步步实现。

航天六十年，奋斗一甲子。中国航天事业从无到有、从小到大，已经走过六十余载。自力更生、自强不息的中华民族实

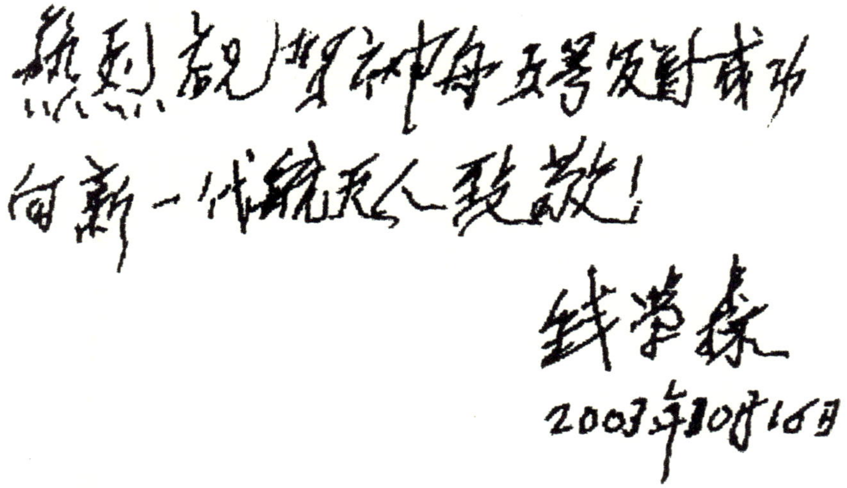

热烈祝贺神舟五号发射成功
向新一代航天人致敬！

钱学森
2003年10月18日

图 3-20 "神舟五号"载人飞船发射成功后，92 岁的钱学森亲笔题写贺词

现了航天的每一步腾飞与跨越，航天科技工作者默默付出、艰苦奋斗只为那"一飞冲天"。回眸凝望，"东方红一号"卫星在中国航天史上树起第一座里程碑，载人航天将中国航天员成功送入太空，探月工程让中国向月球进发，航天科技工作者现在又踏上了探索火星的漫漫征程，导弹武器、运载火箭、高分卫星、北斗导航卫星、风云气象卫星、地球资源卫星、科学技术卫星……一步步实现突破。

透过神舟飞船划过浩瀚太空的那道绚丽彩虹，我们看到了这样一行闪光的大字：特别能吃苦、特别能战斗、特别能攻关、特别能奉献。短短二十个字，铸成一座耸入云天的精神丰碑。在钱学森的指引和影响下，中国航天科技工作者创造了航天发展史上一个又一个奇迹，取得了技术领域的一层又一层制高点，迈向了科学进步的一个又一个新高度。千年飞天梦，百年强国路。航天事业承载了以钱学森为代表的航天科技工作者探索太空的梦想，承载着一个古老民族千年的飞天梦想，踏响了一个大国走向复兴的铿锵足音。

第四章

学术丰碑

钱学森的科学思想尤其是他晚年的科学思想，是一座蕴藏着现代科学技术思想的宝藏。钱学森是一位"三维科学家"，他的知识结构既有理论深度，又有跨学科、跨领域的广度，更有跨层次的高度。他是科学大师、科技泰斗、科学领袖，他以坚实的理论基础、丰富的实践经验和独特的科学视角，开创了系统科学中国学派，将系统科学思想应用到国家治理和社会建设的方方面面，从系统思想到系统实践创新过程都取得了显著的成就和贡献；他创造性地构建了现代科学技术体系，指明了现代科学技术发展的方向与道路，为国家管理和建设提供了知识资源和智慧源泉；晚年之问心系祖国教育，提出的大成智慧教育思想，引发社会各界对培养中华民族创新型人才的深入思考。

20世纪80年代初，钱学森在国防科工委办公室留影

第一节　奠基系统科学中国学派

钱学森对我国火箭、导弹和航天事业的开创性贡献，是众所周知的。但是在钱学森长达 70 多年丰富的科学生涯中，这只是其中一部分。钱学森的研究领域非常广泛，在工程、技术、科学到哲学的不同层次上，在跨学科、跨领域和跨层次的研究中，特别是不同学科、不同领域、不同层次的相互交叉、结合与融合的综合集成方面，都作出了许多开创性贡献。钱学森从系统思想到系统实践创新过程的成就和贡献就是一个重要方面。

钱学森在长期指导航天事业发展过程中，开创了一套既有中国特色，又有普遍科学意义的系统工程管理方法与技术。这既包括"总体协调、系统优化"的原则，也包括"一个总体部、两条指挥线"的管理模式。这使中国航天能够利用很少投入、很短时间，将成千上万人有效组织起来，突破了规模庞大、系统复杂、技术密集、风险巨大的大科学工程。20 世纪 80 年代起，钱学森开启了创建系统学、发展系统工程、开创系统科学中国学派的工作，提出了开放的复杂巨系统及其方法论，又由此开创了复杂巨系统科学与技术这一全新科学领域。从早年的《工程控制论》的出版，到 1978 年《组织管理的技术——系统工程》一文发表，再到开放的复杂巨系统理论的提出，钱学森建立了系统科学的完备体系，以社会系统为应用研究的主要对象，应用于经济社会的方方面面，成为了治国理政的重要方法论。

一、工程控制论酿系统思想

钱学森在留美期间，在应用力学、喷气推进以及火箭与导弹方面取得了举世瞩目的成就。同时，钱学森还创建了"物理力学"和"工程控制论"，成为国际上著名科学家。1954 年署名"H.S.TSIEN"（钱学森英文名）的《Engineering Cybernetics》（即《工程控制论》）由美国 McGraw Hill 出版社出版，这是一部开创性、奠基性的学术著作。《工程控制论》是钱学森在美国被监控期间完成的学术著作，是他在 20 世纪 50 年代的主要成就，也是他一生的重要成就之一。《工程控制论》中蕴含着钱学森的系统思想，对推动系统科学的发展起到了重要作用。

钱学森的《工程控制论》是继美国科学家维纳于 1948 年

发表的著名《控制论》一书之后，以火箭、导弹研制为背景的自动控制方面的著作，书中充分体现并拓展了控制论的思想。《工程控制论》本身就是研究代表物质运动的事物之间的关系，研究这些关系的系统性质。《工程控制论》的序言写道："这门新科学（指控制论）的一个非常突出的特点就是完全不考虑能量、热量和效率等因素，可是在其他各门自然科学中这些因素却是十分重要的。控制论所讨论的主要问题是一个系统的各个不同部分之间的相互作用的定性性质，以及整个系统的总的运动状态"。《工程控制论》中所阐述的"用不可靠的元器件可以组成一个可靠运行的系统"，不仅是钱学森在美国研制火箭、导弹的经验总结，也是工程控制的核心思想。因此，在那时候钱学森已经在研究系统工程的问题。《工程控制论》标志了钱学森综合其他学科优势、综合工程实践经验，是钱学森系统科学思想的重要理论来源，是对系统科学发展的直接贡献。

《工程控制论》的出版，在国际学术界引起了强烈反响。上海交通大学出版社出版的《论系统工程》中指出："从现代科学技术发展看，《工程控制论》远超出了当时自动控制理论的一般研究对象，已不完全属于自然科学领域，而属于系统科学范畴。其研究的是代表物质运动的事物之间的关系，研究这些关系的系统性质——系统控制。"《论系统工程（新世纪版）》中提出："工程控制论所体现的科学思想、理论方法与

图 4-1　钱学森所作《Engineering Cybernetics》是世界上第一部系统讲述工程控制论的著作，于 1954 年在美国用英文出版

应用，直到今天仍然深刻影响着系统科学与工程、控制科学与工程以及管理科学与工程等的发展。"

二、航天实践提供成长土壤

自 20 世纪 40 年代以来，国外采用定量化系统方法处理大型复杂系统的问题。在实际应用中相继取了很多不同的名称，其中也包含"系统工程"一词。由于历史原因，这些名词并没有严格的界定，因而使用上难免造成表述上的矛盾，"系统工程"一词的应用也是如此。钱学森对定量化系统方法进行梳理，再根据从事航天、火箭、导弹研制几十年成功和失败的经验，赋予系统工程一词严格的定义。这是钱学森提出系统工程理论的重要来源。

《工程控制论》中充分展现出了钱学森跳出微观从宏观整体看待问题的思路。但是整个系统科学体系的建立是在钱学森回归祖国，担任航天事业主帅这一重任之后。钱学森在航天事业初创时期，是运用工程控制论思想来管理航天。后来，随着航天事业的快速发展，队伍的日益扩大，型号越来越多，规模越来越大，钱学森敏锐地发现，航天事业发展规模已经不是一个小型工程，而是演变成大型工程，甚至是超大型工程了。从"1059"完成，到 1970 年卫星研制成功，再到"八年四弹"，工程控制的做法已经不够用了，这就逼着他去寻找新的方法。这些新想法、新设想、新作法后来经过归纳、概括到系统工程之中。在推动中国航天事业发展中，钱学森创造性地提出了"一个总体部、两条指挥线"的管理模式，使航天事业在合理有序中取得突破性发展。历史已经证明，这套组织管理体制为中国航天事业的发展提供了可靠保证。系统工程就是在这个基础上，经过理论化，归纳提炼出来的。

导弹、卫星等航天科技为代表的大规模科学技术工程，需要把成千上万人组织起来，并以较少的投入，在较短的时间内，研制出高质量、高可靠的型号产品。这需要有一套科学的组织管理方法与技术。这也为钱学森建立系统工程这一组织管理的技术提供了实践基础。钱学森曾经说过："中国过去没有搞过大规模科学技术研究，'两弹'才是大规模的科学技术研究，那要几千人、上万人的协作，中国过去没有。组织是十分庞大的，形象地说，那时候我们每次搞试验，全国的通信线路将近一半要由我们占用，可见规模之大。那时是周恩来总理挂帅，下面由聂帅具体抓，这个经验从前中国是没有的。我想，他们是把组织人民军队、指挥革命战争的那套经验拿来用了，当然很灵，从而创造了一套组织领导'两弹'工作的方法"。

20世纪50年代后期，钱学森在主持国防部第五研究院工作时意识到搞国防尖端技术，要耗费如此之大的社会劳动，靠一个总工程师或总设计师，加上几个副总设计师，很难应付复杂的抓总工作，必须成立一个由很多学科配套、专业齐全、具有丰富研制经验的高技术科技队伍组成的部门，为领导提供技术参谋，于是就建立了总体设计部，这个部门就是现在的航天系统总体设计部的雏形。

在航天型号系统工程研制发展过程中，钱学森提出建立"一个总体部、两条指挥线"的组织管理体系。"两条指挥线"即技术管理和计划管理协同发展，贯彻与保障总体设计部的思想与计划，这两条路线既能保障技术上的合理规划，又能保障计划的有效分配。"一个总体部"是"两条指挥线"的顶层设计，"两条指挥线"又是"一个总体部"的保障机制，这种系统工程的方法具有"一体两翼"的特征。"一个总体设计部、两条指挥线"在中国国防事业中发挥了不可替代的作用。

图 4-2 钱学森在国防部第五研究院首届党代会上发言

　　航天系统工程的成功实践，不仅开创了大规模科学技术工程实践的系统工程管理范例，而且也为钱学森后来创建系统学、开创系统科学中国学派提供了雄厚和坚实的实践基础。航天系统工程的成功实践，也是系统工程的胜利，它不仅适用于自然工程，其原理也同样适用于社会工程，从而开创了大规模工程实践的系统管理范例，对其他大规模工程实践也是适用的。正如上海交通大学出版社出版的《论系统工程》所述："钱学森在开创中国航天事业的过程中，也开创了一套既具有中国特色又具有普遍科学意义的系统工程管理方法与技术。"

三、讨论班引领中国式辉煌

20世纪80年代初，钱学森从科研一线领导岗位上退下来以后，把全部精力投入到学术研究之中。这一时期，他的学术思想之活跃，涉猎领域之广泛，原始创新性之强，在学术界是十分罕见的。在这个阶段，钱学森花费心血最多也最具有代表性的，是在大力推动系统工程应用的同时，又开始了建立系统科学体系和创建系统学的工作。钱学森提出了开放的复杂巨系统及其方法论，又开创了复杂巨系统科学与技术这一新的科学领域。这些成就标志着钱学森系统思想、系统理论、系统方法和系统技术与系统应用都有了新的进展，达到了新的高度，进入了新的阶段。

1978年3月，中共中央、国务院召开全国科学大会，迎来了科学的春天。同年12月，党的十一届三中全会召开，中国走上了改革开放之路，走上了建设中国特色社会主义之路。在这两次大会期间，也即1978年9月27日，钱学森在对早期航天事业实践深入总结和提炼的基础上，通过与许国志、王寿云同志深入探讨后，在《文汇报》上发表了《组织管理的技术——系统工程》一文，明确提出了系统工程是组织管理系统的技术，是对所有系统都适用的技术和方法。这篇文章产生了广泛而深远的学术影响，具有里程碑的意义。当时，国际上对系统工程的认识还很混乱，呈现出"人各一词、莫衷一是"的局面，这篇文章却使系统工程呈现出"分门别类、共居一体"的新局面。《组织管理的技术——系统工程》的发表也在一定程度上助推系统工程在国内快速发展。1978 年，西安交通大学、清华大学、天津大学、华中科技大学、大连理工大学五所著名大学开始招收系统工程的研究生，并先后成立了系统工程研究所，培养了一大批研究生，拉开了中国系统科学教育的序幕。

1979 年，钱学森在北京系统工程学术讨论会上发表了《大力发展系统工程，尽早建立系统科学的体系》，开启了中国系统科学体系探索。1980 年，中国系统工程学会在北京正式成立，团结了全国各方面的科学技术人员和管理人员开展系统工程理论研究，奠定了中国系统工程发展的组织基础。同年8 月，由中央电视台、中国科协组织中国系统工程学会、中国自动化学会、中国航空学会、中国铁道学会等单位联合举办的《系统工程普及讲座》，在中央电视台正式开播，钱学森、许国志、郑维敏、顾基发、王寿云、吴沧浦、王毓云、陶家渠、朱松春、张沁文、田丰、裘宗沪、应玖茜、涂序彦、吴秋峰、

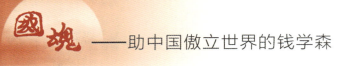

图4-3　钱学森、许国志、王寿云在《文汇报》发表《组织管理的技术——系统工程》一文，在中国掀起了学习和应用系统工程的热潮

王正中、梅磊等 17 位国内知名专家先后讲课，在社会上引起了极大的影响，受到中国科协和国家有关部门领导的重视和赞许。

1981 年，钱学森发表文章《再谈系统科学的体系》，1985年发表文章《系统工程与系统科学的体系》，两次描绘了系统科学体系。在钱学森的系统科学体系中，系统工程属于工程技术，其理论基础是运筹学、控制论和信息论这三门技术科学；关于系统的一般理论——系统学，是系统科学这个部门中的基础科学；系统科学从各门系统工程到运筹学、控制论和信息论，再到系统学，形成现代科学技术体系中的一个分体系；这个分体系通向马克思主义哲学的桥梁，是大约一百年前启示的，后来经过现代科学技术大大丰富了的系统论；系统论将充实科学技术的方法论，并为马克思主义哲学的深化和发展提供素材。1982 年，钱学森总结了阶段性的成果，在湖南科学技术出版社出版了《论系统工程》一书，国内有学者将其作为"初步建立了有中国特色的系统工程理论"的标志。

1986 年"系统学讨论班"的创办，在国内学术界引起了强烈反响，大量的新思想、新观点开始涌现。从 1986 年开始的 7 年半的时间里，钱学森在原航天 710 所亲自倡议和指导"系统学讨论班"，每周二他都风雨无阻亲临现场，组织政府、军队、科研、教育等各个行业的人进行集中研讨、撰写学术报告，讨论相关的学科理论，如动力系统理论、混沌理论、现代

图4-4　20世纪90年代，钱学森（中坐者）与学术讨论小组成员合影（从左至右依次为涂元季、钱学敏、戴汝为、于景元、汪成为、王寿云）

控制理论、耗散结构理论、协同学、超循环理论、突变论、模糊数学、人工智能、医学、脑科学、思维科学、数量经济学、定量社会学、生态学、地理科学、作战模拟、军事科学、优化理论等的最新进展。"系统学讨论班"的研究成果在当时学术界引起了强烈反响。

在"系统学讨论班"研究成果的基础上，钱学森经过深入研究认为，从系统特征来分，客观世界中的所有系统可分为三大类，一类是简单系统、一类是简单巨系统、一类是复杂巨系统。而这三类系统分别用不同的方法论去认识研究和改造：简单系统运用的方法论是还原论；简单巨系统运用的方法论是自组织理论；复杂巨系统这一类系统是有涌现特征的系统。于是，钱学森明确界定系统学是研究系统结构与工程一般规律的科学，形成了以简单系统、简单巨系统、复杂巨系统为主线的系统学基本框架，构成了系统学的主要内容，奠定了系统学的科学基础，指明了系统学的研究方向。

图 4-5　钱学森（前排右一）在"系统学讨论班"上发言，于景元（前排左一）在作记录

20 世纪 80 年代末到 90 年代初，结合现代信息技术的发展，钱学森又先后提出了"从定性到定量综合集成方法"及其实践形式"从定性到定量综合集成研讨厅体系"，并将运用

这套方法的集体称为"总体设计部"，形成了一套可以操作且行之有效的方法体系和实践方式。从方法和运用层次上看，它是人·机结合、人·网结合、以人为主的信息、知识和智慧的综合集成体系，从应用和运用层次上看，是以总体设计部为实体进行的综合集成工程。

2001年3月，钱学森在接受《文汇报》专访时，以《以人为主发展大成智慧工程》为题讲述了他23年来发展系统科学的体会："23年来，系统工程和系统科学已经有了很大发展，我们已经从工程系统走到了社会系统，进而提炼出开放的复杂巨系统的理论和处理这种系统的方法论，即以人为主、人·机结合，从定性到定量的综合集成方法，并在工程上逐步实现综合集成研讨厅体系。将来我们要从系统工程、系统科学发展到大成智慧工程，要集信息和知识之大成，以此来解决现实生活中的复杂问题。我相信，我们中国科学家从系统工程、系统科学出发，进而开创的大成智慧工程和大成智慧学在21世纪一定会成功，因为我们有马克思主义哲学作为指导。"

这一阶段，钱学森从系统思想到系统实践的整个创新链条上，在工程、技术、科学到哲学的不同层次上，都作出了很多开创性的贡献。他不仅建立了系统科学和复杂巨系统科学体系，建立了综合集成方法体系，同时还把系统工程从工程系统工程发展到了复杂巨系统和社会系统工程，并将其应用到更广泛和更复杂的社会实践中。在取得这些成就的过程中，形成了具有显著特色的系统科学中国学派。

钱学森对系统科学与系统工程的贡献和成就得到了国内学术界的高度重视。在钱学森的带领下，系统科学与系统工程被推广到社会实践的各个领域，不仅应用于中国载人航天发展战略研究和工程实践，还应用到了我国人口政策的制定、三峡工程的综合效益分析、我国西部农业和沙草产业的发展、创新人才的培养，乃至国家安全和社会治理等方面的决策中。现阶段系统科学中国学派在继承传统思想与理论的基础上，出现了一批新观点和新方法，比如"综合提升说""旋进方法论""复杂适应系统演化基本原理""定性与定量相结合的智能决策支持方法体系"等，不断迈向新的高度。

钱学森对系统科学与系统工程的贡献和成就得到了中国历代党和国家领导人的高度重视。毛泽东在全国人民政治协商会议第二届全国委员会第二次全体会议上就对钱学森说："我现在正在研究你的《工程控制论》，用来指导我们国家的经济建设呢！"周恩来多次提到"要考虑把航天总体部的经验推广到国民经济各个方面"。邓小平同志曾言："改善党的领导工作是一个复杂问题，要系统地、切实地解决这些问题。"江泽民同志曾讲道："系统工程是处理任何工作、思考任何问题的方法。"胡锦涛同志认为："建设有中国特色社会主义是一项宏大的系统工程。"十八大之后，改革进入深水区，习近平总书记指出："改革是庞大复杂的系统工程。任何一项改革都会牵一发而动全身，必须放在大系统内来考量，改革与发展面临诸多棘手难题，破解每一个难题都应用系统工程来解决。"

钱学森对系统科学与系统工程的贡献和成就也得到了国际学术界的高度重视和充分肯定。1989 年，国际技术与技术交流大会和国际理工研究所授予钱学森 "W．F．小罗克韦尔奖章" 和 "世界级科学与工程名人" "国际理工研究所名誉成员" 称号，表彰他的三大杰出贡献，其中之一就是研究与推广系统工程，这是现代国际理工学界的最高荣誉。迄今为止，世界上仅有 16 名专家获得过这项荣誉，钱学森是其中唯一的中国学者。以钱学森为代表人物的系统工程中国学派，受到国际系统工程界的高度重视，协同学的创始人哈肯教授指出，"系统科学是由中国学者较早提出的，我认为这是很有意义的概括，并在理解和解释现代科学、推动其发展方面十分重要"，并认为 "中国是充分认识到了系统科学巨大重要性的国家之一"。这为进一步发展系统科学中国学派打下了坚实基础。

四、总体部牵引国家级智库

在一次专委会上，周恩来曾经讲过这么一句话："我们这套东西将来也可以民用嘛！三峡工程就可以用这个。"这就是指钱学森提出的那套组织、指挥大规模科学技术研究、生产的一套领导方法，可以应用并推广。这是老一辈革命家给钱学森的一个重托。经过研究，钱学森提出要用从定性到定量的综合集成方法去研究和认识。有了这些新认识，横亘在推广路上的瓶颈破解了，钱学森实现了把系统工程的理论推广到社会其他领域中去，并形成了社会系统工程的理论。

钱学森提出运用从定性到定量综合集成方法研究复杂巨系统，在新时代下有很大意义：即把人类几千年来的决策建立在一个更加科学的基础上。决策是人类一直在探讨的问题，如何实现一个正确决策？可以说多少代人为此殚精竭虑，探寻决策之中的规律。很长时间以来，决策依赖于经验，难以上升到理论层面。后来有了系统工程的理论，将决策的科学性大大地提高了。现在从定性到定量综合集成方法及其实现形式解决了复杂巨系统的认识问题，从根本上解决决策科学性问题。

1979年，钱学森提出了建立国民经济总体设计部的建议。1990年，从党和政府宏观决策科学化的角度，他又提出了建立社会主义建设总体设计部的建议，希望用系统科学和系统工程的思想、理论和方法来治理国家。钱学森的堂妹钱学敏教授曾经多次讲述这样一件事情：钱学森获得了国家授予的"国家杰出贡献科学家"荣誉称号后，说了这样一句话："'两弹一星'工程所依据的都是成熟的理论，我只是把别人和我经过实践证明可行的成熟技术拿来用，这个没有什么了不起，只要国家需要我就应该这样做，系统工程与总体部思想才是我一生追求的。"这说明钱学森所追求的不仅仅是中国的航天事业，更希望系统科学思想能在社会治理和国家管理上发挥重要作用。

当前，我国改革已经进入攻坚期和深水区，深层次矛盾凸显，面临经济下行压力大、贫富分化加剧、城乡发展失衡、环境污染严重等诸多问题。由于这些问题所涉因素众多、结构关系复杂，越来越迫切地需要系统工程这一先进方法论来认识和解决。中共中央总书记习近平强调："全面深化改革是一项复杂的系统工程，需要加强顶层设计和整体谋划，加强各项改革系统性、关联性、可行性研究。"全面深化改革是在前期改革开放的基础上进行提升，更需要系统工程最新理论支撑，要充分运用"从定性到定量的综合集成方法"优化国家运行系统，实现国家运行系统的整体飞跃。而钱学森提出的总体设计部是系统工程创新理论"综合提升"的组织实现形式，是系统工程科学方法论的集中体现。由此可见，国家发展的新阶段和新常态呼吁继承与发扬钱学森总体设计部的构想，更需要继续跟进研究总体设计部的现代价值和创新方法，为国家运行系统的综合提升提供智力支撑和决策支持。

总体设计部是由熟悉国家运行系统各个方面的多种领域、多门学科的专家、各级决策层及利益相关者所构成的具有参谋部作用的智慧综合体，以国家战略、顶层设计、重大决策、社会治理方案等为研究对象，以服务和影响重大决策为研究目标，以公共利益为研究导向，以社会责任为研究准则的决策支持研究机构。总体设计部能够为国家系统的良性运行提供顶层规划建议、咨询服务、决策支持。

总体设计部是高端智库发展的前景模式。就目前现实情况来看，国内已经拥有较多数量的智库，有官方思想库也有非官方的咨询机构，它们在一定程度和范围内为国家治理提供咨询服务。从美国宾夕法尼亚大学詹姆斯·G.麦甘领衔发布的全球智库报告中，不难看出中国智库的国际影响力正在不断增强。上海社会科学院智库研究中心最新报告指出，"30多年来，随着各级政府决策科学化、民主化进程不断加快、程度不断加深，中国基本形成了从政府内部附属智库为主，到社会科学院智库、高校智库和民间智库共同发展的繁荣局面"，"专业知识与决策机制的结合更为紧密，智库和专家介入公共政策制定的趋势日益明显"。智库已经成为影响决策的重要力量，特别是在社会系统变得更加复杂、更加庞大的信息时代，现有智库需要不断提升研究能力和为决策服务的质量。

当前，以多元数据融合互联为特征的互联网时代，更加呼吁战略强、领域广、技术优、方法新的高端专业智库。互联网技术、数据存储和分析技术、大数据的挖掘、集成、融合和应用以及商业智能技术取得的新突破，已在经济社会发展等多个领域得到了广泛应用。当前构建总体设计部恰逢其时。总体设计部的最大优势就是对信息处理系统、知识生产系统、智慧集成系统进行综合集成，在为决策提供支持的实践过程中，对决策支持系统进行不断提升，从而实现决策机制的不断优化。

中国航天第十二研究院的前身之一航天部 710 所，是中国系统科学与工程的发源地，是运用从定性到定量的综合集成方法论为国家经济社会发展提供决策支持的实践基地。钱学森曾说过："上世纪 80—90 年代，我和中国航天科技集团公司的 710 所联系比较多，知道这个所在进一步发展航天系统工程，将系统工程的科学原理和科学方法推广应用到我国社会主义经济建设方面，曾取得重要成果。"中国航天系统科学与工程研究院不仅在航天发展中发挥了不可估量的作用，还曾在国家价格政策、粮食补贴、人口政策、金融工程、三峡工程等诸多社会系统工程领域取得过突出成就。

2016 年，中央高瞻远瞩，批准建设钱学森智库这个"智库的智库"。中国航天第十二研究院正在持续践行钱学森总体设计部的构想，积极打造钱学森智库，组织策划"口述钱学森工程"、"群星灿烂工程"、"钱学森论坛"、《国家记忆》、《祖国不会忘记》、《脊梁》等大型宣传文教，进一步传承和创新钱学森等老一辈的系统科学体系与系统工程理论方法，为建设钱学森智库、为国家治理的综合提升、为中华民族伟大复兴而不懈奋斗。

为了中国特色社会主义事业，为了中国系统工程和系统科学的发展，钱学森不但高瞻远瞩、大气磅礴、指挥若定，而且不辞劳苦、身先士卒、冲锋陷阵。在钱学森的指引下，中国成中国航天工程咨询中心：

听说中国航天科技集团公司在党的十六大精神指引下，决定在原中国航天工程咨询中心、707所、710所、航天经济研究中心等基础上，进行业务调整重组，重新构建中国航天工程咨询中心。我很赞同你们的举措。这既符合今天改革开放的需要，又符合我国航天事业的成功经验：即加强领导，严密组织。

上世纪80~90年代，我和中国航天科技集团公司的710所联系比较多。知道这个所在进一步发展航天系统工程，将系统工程的科学原理和科学方法推广应用到我国社会主义经济建设方面，曾取得重要成果。710所举办的系统学讨论班在创建系统学，开创从定性到定量综合集成方法等方面功不可没。今天，这一套科学原理和科学方法已得到中央和军委领导同志的高度重视，这是我国社会主义建设理论的一个创新和发展。

我认为，这次重组，使中国航天工程咨询中心的科研力量和科学手段得到了集中和加强。希望你们今后不仅在航天工程的咨询和决策方面要发挥更大的作用，而且要为我国社会主义建设作出新的重要的贡献。

谨此，我向中国航天工程咨询中心全体干部职工致以崇高敬意。并祝大家工作创新，身体健康！

此致

敬礼！

钱学森

2003年8月26日

图4-6　钱学森祝贺中国航天工程咨询中心成立的信件

为国际系统工程领域的后起之秀，成为系统工程大国、系统工程强国，中国的系统工程研究与应用水平居于世界前列。这是来之不易的、弥足珍贵的。未来，系统科学中国学派必将为实现中华民族伟大复兴的中国梦发挥更大作用。钱学森的系统工程思想，尤其是总体设计部思想，是拥有着中国自主知识产权的思想产品，是中国人送给 21 世纪人类最好的礼物！

第二节　搭建桥梁构建科技体系

钱学森将系统思想用于分析思考现代科学技术体系，认为整个科学技术体系也是一个系统，应该分析科学技术系统的结构、内容和规律等。他以科学家的开拓与创新精神，将人类几乎全部知识系统化，将研究的注意力集中于各种事物和现象的相互联系和作用上，既研究自然系统，也研究社会系统；既考察物质系统，也考察精神系统；既分析客观系统，也分析主观系统。自然科学技术分为基础科学、技术科学和工程技术，最高层次是马克思主义哲学，即辩证唯物主义，最下面的层次是现代科学技术的 11 大部门，中间的 11 架"桥梁"将马克思主义哲学与 11 大科学技术部门连在一起，这些桥梁概括了科学技术部门中带有普遍性、原则性、规律性的东西，是各门科学技术的哲学。

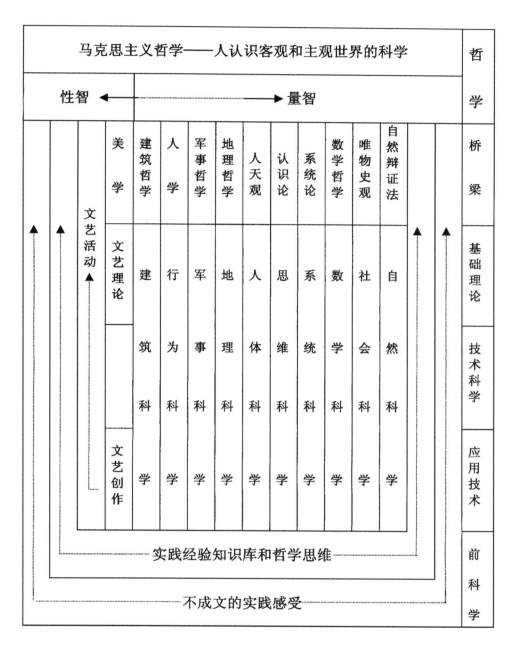

图4-7　钱学森提出的现代科学技术体系结构

一、高瞻远瞩把握历史契机

1957 年 7 月，钱学森在《科学通报》发表题为《论技术科学》的论文，对科学的历史发展与技术科学概念的形成、技术科学的研究方法、技术科学的一些新的发展方向、技术科学对其他科学的贡献等都作了深刻而全面的阐述。这篇论文是我国最早论及有关科学学内容的文章，也是钱学森最早论述现代科学技术体系的一篇经典文章。

1977 年 12 月，钱学森发表了题为《现代科学技术》的论文，国内针对现代科学技术体系的研究迅速兴起。当时人们对现代科学技术体系的认识颇为模糊，学科的性质、定位和内容都没有明确界定。钱学森熟练掌握系统方法，并在多个技术科学领域作出过巨大贡献。他高瞻远瞩，及时发表了《科学学、科学技术体系学、马克思主义哲学》一文，对科学学的性质和内容做出更加清晰的界定。钱学森将国内外科学学的研究分成科学理论和技术应用两个层次，明确了科学学的研究对象和属性，即"把科学技术的研究作为人类社会活动的一个方面来考察，研究和总结其运动变化的规律"。他进一步指出，科学学属于社会科学，不是自然科学，并从理论上概括科学史研究的成果，分析各国科学技术研究的现象，总结我国科学技术工作的实践经验，第一次明确提出了科学技术体系学的概念。

1979 年 7 月，全国第一次科学学学术讨论会在北京举办，钱学森在大会上作了题为《关于建立和发展马克思主义科学学的问题》的报告，纵观了国内外科学学的研究情况，再一次强调了科学学的研究对象、所属学科门类和层次、研究范围、研究内容，并对科学技术体系学、科学能力学和政治科学学等分支学科作了全面的论述。为科学学在中国的发展廓清了混乱，指明了方向，是中国科学学的研究纲领，对科学学在中国的健康发展并形成颇具特色的中国学派，具有举足轻重的作用，使中国科学学的发展驶上了快车道。

从 19 世纪末 20 世纪初开始，科学技术取得了蓬勃的发展，由此进入了现代科学技术发展时期，科学技术的体系出现了许多新特点。

首先，自然科学由单一的基础科学层次发展到基础科学、应用科学和工程科学三个层次，科学技术的层次结构发生了深刻的变化。由于在技术上拥有强大的手段，自然科学向渺观、微观、胀观各个领域全方位发展，深入到对自然界更深层次的本质和规律的揭示，在学科门类上发展得更为齐全，形成了比较完整的体系。同时，随着现代自然科学的进步，生产技术发展得越来越复杂，为了直接研究生产中的实际问题，研制新产品、创造新工艺等，在原来应用科学的基础上，形成了工程技术的科学层次。随着工程技术的发展，单一靠自然科学的理论成果直接应用到工程技术显得不够，解决工程技术内部的理论问题日益迫切，于是在自然科学与工程技术之间出现了技术科学这一层次。

其次，科学技术由单一的自然科学部门发展成为众多的科学技术部门，科学技术部门的结构也发生了深刻的变化。当代社会科学与自然科学相互交叉和渗透成为明显的趋势。许多重大科学技术课题和社会问题的解决，要求自然科学、社会科学的各主要部门进行多方面的广泛合作，综合运用各学科的方法和知识。当代社会科学的各分支学科也不断诞生和完善，其内在结构也日益清晰。

20世纪40年代开始，以系统为对象的学科群迅速崛起，逐渐形成了系统科学。系统科学引入系统、结构、功能、反馈、控制、信息等一系列概念，分别从不同侧面揭示了客观世界新的本质联系和运动规律，并且使人摆脱了传统的思维形式和研究方法的束缚，强调从系统整体、动态等观点出发，如实地把研究对象视为完整的有机体和复杂系统，把定性和定量结合起来分析和处理问题，从而为现代科学技术的研究提供了一套崭新的方法论原则和程序。

再次，交叉学科不断涌现，科学技术的整体化日益明显。现代科学技术的发展，在各个科学技术部门内部及各个部门之间相互交叉，相互渗透，出现了许多交叉科学。科学技术日益显现出其整体性，科学技术整体化的结果，产生了一系列综合学科和横断学科。这些学科的出现，使传统学科之间的鸿沟被填平了，也使现代科学技术更加紧密地联系为一个整体。

20世纪以后特别是第二次世界大战以来，科学技术一方面高度分化，成立了许多新的部门；另一方面又高度综合，形成严密的结构体系。正是在这样的现代科学技术蓬勃发展的历史背景下，钱学森开始探索科学学和科学技术体系，创造性地提出了现代科学技术的体系结构，并不断更新完善。

二、提炼概括揭示演进历程

现代科学技术的体系结构主要包括现代科学技术的门类结构、层次结构和学科结构，钱学森正是从这三个方面构建了现代科学技术体系的。

划分现代科学技术的门类结构，首先需要解决划分的标准问题。历史上大多采用研究对象或研究领域作为分类标准，每个科学技术部门研究客观世界的某一部分，各门学科的不同在于研究对象不一样。钱学森认为这样的划分标准是不对的，从系统的整体性观点出发，认为"现代科学技术是一个整体，不是分割的"。这种整体性表现在各个科学部门的研究对象都是同一个客观世界，这是各学科的共性。各科学部门之间的"不同之处仅在于观察问题，研究问题的侧面，侧重点不一样"。钱学森认为应当按照研究客观世界的着眼点或角度来划分，并从系统观点出发，认为"世界上的一切理论，都是一层一层地概括"，现代科学技术也具有层次结构。

在不同门类的科学技术体系中，自然科学是迄今发展得最为成熟的一个门类。钱学森运用典型研究法，剖析了自然科学的层次结构。从自然科学归纳出来的体系结构具备普遍意义，钱学森由此进一步概括出其他体系共有的结构模式，即"三个层次一座桥梁"的结构模式。

基础科学层次是认识客观世界的基本理论。基础科学是综合提炼具体学科领域内各种现象的性质和较为普遍的原理、原则、规律等而形成的基本理论，其研究侧重在认识世界过程中，进行新探索、获得新知识、发现新规律，形成更为深刻的理论，它是技术科学、工程技术发展的先导，也是衡量一个国家科技水平与实力的重要标志。

技术科学层次是工程技术共用的各种理论。技术科学是20世纪初至第二次世界大战前才在科学与技术之间涌现出的一个中间层次。它侧重揭示现象的机制、层次、关系等的实质，并提炼工程技术中普遍适用的原则、规律和方法。主要是如何将基础科学准确便捷地应用于工程实施的学问，它是科学技术转化为社会生产力的关键。

工程技术层次是直接改造客观的知识。工程技术侧重将基础科学和技术科学知识应用于实践活动，并在具体的工程实践中，总结经验，创造新技术、新方法，使科学技术迅速成为社会生产力的学问。工程科学的发展，也必将丰富、完善技术科学、基础科学，它是技术科学、基础科学发展的根本动力。

中介桥梁层次对应于该学科部门的哲学分论，共同构成马克思主义哲学的主要内容和科学基础。

钱学森通过后来的一系列论文，用论据论证了这种推广的科学性。从系统论的层次结构原理来看，一切复杂系统都是按等级层次方式组织起来的，各大部门的科学技术体系都是复杂系统，应具有等级层次的结构模式。从系统论的同构性原理看，自然科学、社会科学、数学科学以及其他科学技术部门，作为人类科学知识总体中的不同类别，必有相同的结构模式。

从科学学和认识论的原理来看，人类的知识都是从实践中产生出来的，经过逐步抽象概括，形成若干普遍性和概括性的不同层次。每个门类都应有直接用于改造客观世界的知识，这些工程技术都有其直接的理论根据，各种具体理论进一步概括都会形成更普遍的基础理论，都通过一定的桥梁通向哲学层次。

从经验事实来看，该模式符合客观事实。钱学森具体考察了社会科学、数学科学、系统科学、思维科学等这些经过长期发展的知识门类，揭示出它们都具有"三个层次一座桥梁"的结构模式。在钱学森的三个层次的理论框架中，他认为层次之间的关系和影响是双向的、统一的，每个部门都有众多的学科，并按一定的结构模式组织成学科结构体系，这就是科学技术门类的学科结构。

三、系统思维助力创新发展

钱学森将现代科学技术归纳为"一个核心""三个层次"

"11 大部门""11 架桥梁",形成了一个严密的科学技术体系。但他认为这些还不是人类认识客观世界的总和,只是人类认识客观世界的学问,即条理化、系统化了的那部分的总和。人类通过实践累积的经验不包括在内,因为它还没有被系统化,只能称为知识而不能被称为学问,因此也就不算是严格意义上的现代科学。这种经验知识经过系统化、理论化,可以纳入科学体系中。

钱学森在构建现代科学技术体系时自觉地运用了系统方法。在构建现代科学技术体系时,钱学森举重若轻,正好用上了他一向提倡和运用的系统思想和系统方法。他把人类的全部知识看作一个整体,构建了科学技术系统及其环境,并对科学技术系统作层次、结构分析,构成一个动态、联系、开放的系统,这是钱学森系统思想和系统方法综合运用的典型案例。

钱学森认为,现代科学已经发展成为一个学科林立、分工越来越细的大家族;但同时又相互关系密切,形成一个整体,必须研究整体中的结构、学科之间的联系和相互关系,是整体就是一个系统,而系统一定有清晰的层次和部门性的分系统。国内外讨论现代科学分类的人不少,但因缺乏系统的观点,要么难解难分,要么分得过细过精,从而把学科之间的关系搞得很乱,体现不出事物本来具有的结构。

从系统科学的观点来看,钱学森提出现代科学技术体系的矩阵式结构,充分体现了系统思想的整体性、联系性、层次性、动态性和开放性的特点，将人类知识当作一个整体来研究，对现有知识包揽无遗。

从现代科学技术体系本身来说，钱学森体系具有较全面的科学性。人类的知识经历了一个漫长的发生、发展和演化过程。现代科学技术的发展，已经取得了巨大成就，人类探索的时空范围越来越大，对客观世界的研究已经形成了众多科学领域和学科，而且新领域、新学科还不断涌现。钱学森从考察最古老的自然科学发展史入手，分析了自然科学的研究视角、发展过程和层次结构，并指出随着人类认识的深入，自然科学已不能包容一切知识。科学技术体系的层次结构是钱学森用系统思想对自然科学作案例分析得出并推广到整个体系结构，同时指出任何一个成熟的科技门类必须像自然科学一样，有基础理论、技术科学、应用技术三个层次。

传统的科学分类法无法系统、合理、有序地包容科学技术的最新发展动态，许多新学科找不到自己的定位，甚至被人认为是伪科学而加以拒斥。研究科学技术体系学的目的不是为了构造体系而研究体系，其目的是为了更好地对科学本身进行研究，以推动科学技术朝着更加有效、更加有利于人类自身生存的方向发展。好的科学假说既要有很强的解释能力，又要有很好的预见能力。钱学森现代科学技术体系的矩阵式结构假说，把到目前为止全部知识学科都排定了其相应的位置，科学、合理地解释了每一门学科在整个科学体系中的地位以及与其他学科的联系和区别，因此能够找到整个科学技术体系的薄弱环节，并预测科学技术的发展趋势。钱学森对现代科学技术体系中的各门学科的定位、性质、内容、发展方向等都有自己的看法，比专门从事该学科的专家学者还看得深、望得远。他在20世纪80年代之后的巨大成功，例证了他所构建的现代科学技术体系的科学性。

四、统一开放突显科学意义

钱学森的现代科学技术体系，随着所建体系的进一步发展，其影响不止在国内，也不仅限于科学学界，许多学科特别是系统科学、思维科学等一些新兴学科的学者们，几乎都把他的体系当作行动的指南，并取得了巨大的成功。这些学科之所以能形成独具特色的中国学派，大都得益于钱学森构建的科学技术体系的指导。钱学森不仅是中国系统科学的导师，对于许多新学科甚至一些老学科（如建筑科学、农业科学）来说，他也是名副其实的导师。

随着现代科学技术的迅猛发展，科学技术的发展日益呈现出整体化、系统化趋势。钱学森的科学分类和科学技术体系正是反映了这种发展现状和趋向，这是科学分类和科学技术体系螺旋式发展的表现。钱学森的科技体系思想，无论是在理论上还是在实践上都具有重要意义。

从理论上讲，它能帮助我们认识各门科学的目标、功能、作用及其在相互间的地位，并由此认识科学的统一性，认识彼此之间内在的相关性、对象、方法、成果的相互联系。

从实践上讲，至少在三个方面起着关键的作用：一是图书文献分类；二是科学研究管理，对于科研力量配备、科研资金分配、科研机构设置有所依据；三是对国家发展需要的科学决策。科学技术体系的结构问题，是我国科技管理工作中一个非常紧迫的课题，在科学技术发展中的重要作用是任何具体的科学技术工作都无法代替的，也是科学技术哲学应该给予充分重视的一个理论问题。

钱学森的科学技术体系结构是一种动态矩阵形的开放体系。这种体系的最大优点是不断进步的。随着许多科学技术的发展，新体系可以不断融合新的科学部门，使科学技术体系更加严密。钱学森的现代科学技术体系的理论创新在于其体系是统一的，内容却是开放的，不断丰富和发展的。

研究科学技术的体系结构，能够从整体上把握许多科学技术的特点和趋势，掌握科学技术的发展规律，加速科学技术的发展。搞清现代科学技术各部门的联系，全面协调地发展各门科学技术，实际上是为了更好地认识和改造客观世界。钱学森不仅在科学界建立了卓越的功勋，也在长期的科学实践中积累了大量的对科学的深层的思考。他立足于科学技术的前沿，运用现代科学技术的成果和方法，应用已有的学科知识和系统分析工具，把科学技术看作是一种社会活动，在复杂的社会系统中，科学技术实现的方式和程度各有不同，社会对科学技术的支持越来越多。钱学森经常从哲学维度审视科学技术与社会其他部分的联系，根据科技自身和社会变化的背景要求，提出了许多科学认识和观点，可谓高屋建瓴，给我们提供了一种对科学技术本质的更好的理解。

第三节　发问遗憾求解创新模式

钱学森作出了太多的贡献，创造了太多的辉煌，获得了太多的荣誉。然而，对于他所主张建立社会主义建设总体设计部的构想、对于中国科技创新人才的培养，在生前没能最终实现。成为了钱学森深深的遗憾。

一、总体设计部成终身遗憾

"两弹一星"的成功实践证明，建立总体设计部是一种非常有效的管理思想和方法。对于这一成功经验，周恩来生前曾希望把它推广到国民经济的重大工程建设上去。1983年11月16日，钱学森应邀在国家经济体制改革委员会所作的报告的最后讲道："为了把系统工程用于国民经济的管理，我国需要建立国民经济和社会发展的总体设计部。现在各方面提出的发展战略很多，有这个战略、那个战略，各说各的，但没有一个综合性的总体发展战略。因此，需要成立总体设计部，作为一个国务院的实体，而不是专家座谈会。这个实体要吸收多方面的专家参加，把自然科学家、工程师和社会科学家结合起来，收集资料，调查研究，进行测算，反复论证，使各种单项的发展战略协调起来，提出总体设计方案，供领导决策。有人认为，社会科学的研究成果，就是写出文章。这是不对的。作为国民经济和社会发展的总体设计，应当像工程设计那样，要有设计蓝图，并由总设计师在上面签字，以示负责，就像我们航天工程那样，如果根据设计制造、发射的卫星出了故障，不但批准这项工程的领导人要负责，总设计师也要负责。总之，国民经济和社会发展的总体设计部是党中央、国务院决策的参谋机构，在实施我国计划体制改革中，千万不要少了这一着棋。"后来，钱学森在中国人民大学"吴玉章学术讲座"上再次全面系统地阐述了他提出的建立国民经济总体设计部思想，并于 1990 年从党和政府宏观决策科学化的角度，提出了社会主义建设总体设计部体系的建议。

钱学森曾多次向中央建议，他认为中国社会主义建设，包括物质文明建设、精神文明建设和政治文明建设以及作为环境基础的地理文明建设，都是社会主义建设的组成部分。四个方面协调发展，即为社会主义文明建设的系统工程，党和政府是这一社会主义文明建设的系统工程的总指挥部，作为总指挥部的决策支持系统的参谋部是总体设计部。

按照钱学森的设想：

　　总体设计的要求是从全局、从发展的观点出发，紧盯世界科技前沿、国际发展局势，根据我国的实际，围绕阶段任务，进行总体谋划，实现可行的与综合效益显著的、国家治理的能力。

　　总体设计部的组成包括三个部分：知识体系，包括各种科学理论、专家经验、情报资料、统计数据、常识性知识；工具体系，是指以计算机为核心的多种高新技术集成的机器体系（如信息网络、人工智能）；专家体系，由与研究问题有关的专家组成，由知识面较宽的专家领导。这三个部分构成高度智能化的人·机结合体系，它不仅具有知识与信息采集、存储、传递、调用、分析与综合的功能，更重要的是具有产生新知识和智慧的功能，既可用来研究理论问题，又可用来解决实际问题，是智能化的组织机构。

　　总体设计部是"从定性到定量综合集成方法"，从方法与技术层次来看，它是人·机结合、人·网结合、以人为主的信息、知识和智慧的综合集成技术；从运用和应用层次上看，它又是一项综合集成工程。综合集成方法这几个层次之间是相互紧密联系的有机整体，这也正是这个方法区别于其他方法的一个显著特点。

　　1991年3月8日，钱学森在中央政治局常委扩大会议上汇报工作时说，他回国后主要致力于两件事，第一件是研制"两弹一星"，目前已经完成；第二件是推动国家级总体设计部的建设。正如前文所述，钱学森在被授予"国家杰出贡献科学家"荣誉称号和"一级英雄"奖章的颁奖现场，再次提出："我要在有生之年努力促进自然科学和社会科学的结合，建立一套系统科学体系，并将它运用于从整体上研究与解决社会主义现代化建设中的问题。"据当时陪同在钱学森身边的中国人民大学教授钱学敏回忆，钱学森所讲的系统科学体系就是建立国家级总体设计部。

1997 年夏天，钱学敏和钱学森的儿子钱永刚一起整理钱学森大成智慧学研讨的有关文章，打算编成一本书。钱学森得知后非常欣慰，他说，这几年来与大家一起探讨的问题及设想才是他回国后开创性的、全新的观点与理念，它对社会和现代科技发展的意义，可能要超过他对"两弹一星"的贡献。钱学森的这个愿望最终没能在他有生之年实现。根据当年参加过原航天部 710 所"系统学讨论班"的于景元回忆，1999 年，钱学森满怀遗憾地说："为什么建立总体设计部就那么难呢？看来只有下个世纪才可能实现了。"

二、振聋发问创培养新思路

为什么钱学森那么盼望建立起来的国家总体设计部最终在钱学森走后都没能成立起来？究其原因，钱学森的总体设计思想在当时的中国已经超出了大部分人的认知，虽然总体设计部的思想在航天工程上已经取得了巨大成就，但是在国家层面成立总体设计部却仍然缺少支持，因为极少有人具备像钱学森一样的远见卓识、对未来发展的高瞻远瞩和永无止境的开拓创新能力。这也许正像钱学森晚年所感慨的那样："为什么我们的学校总是培养不出杰出人才？"

2005 年 7 月 29 日，钱学森向看望他的温家宝说："现在中国没有完全发展起来，一个重要原因是没有一所大学能够按照培养科学技术发明创造人才的模式去办学，没有自己独特的创新的东西，老是'冒'不出杰出人才。"对于鼓励创新的大学，钱学森最欣赏的便是美国加州理工学院。"我是在上个世纪 30 年代去美国的，开始在麻省理工学院学习。麻省理工学院在当时也算是鼎鼎大名了，但我觉得没什么，一年就把硕士学位拿下了，成绩还拔尖。其实这一年并没学到什么创新的东西，很一般化。后来我转到加州理工学院，一下子就感觉到它和麻省理工学院很不一样，创新的学风弥漫在整个校园，可以说，整个学校的一个精神就是创新。"他说，"在这里，你必须想别人没有想到的东西，说别人没有说过的话。拔尖的人才很多，我得和他们竞赛，才能跑在前沿。这里的创新还不能是一般的，迈小步可不行，你很快就会被别人超过。你所想的、做的，要比别人高出一大截才行。那里的学术气氛非常浓厚，学术讨论会十分活跃，互相启发，互相促进。我们现在倒好，一些技术和学术讨论会还互相保密，互相封锁，这不是发展科学的学风。你真的有本事，就不怕别人赶上来。我记得在一次学术讨论会上，我的老师冯·卡门讲了一个非常好的学术思想，美国人叫'good idea'，这在科学工作中是很重要的。有没有创新，首先就取决于你有没有一个'good idea'。所以马上就有人说：'卡门教授，你把这么好的思想都讲出来了，就不怕别人超过你？'卡门说：'我不怕，等他赶上我这个想法，我又跑到前面老远去了。'所以我到加州理工学院，一下子脑子就开了窍，以前从来没想到的事，这里全讲到了，讲的内容都是科学发展最前沿的东西，让我大开眼界。"

图4-9　钱学森（左下）与导师冯·卡门（右三）

在加州理工学院学习的经历使钱学森深刻感受到创新精神带来的无穷力量。钱学森认为中国的办学应该向加州理工学院学习，具备科技创新精神，培养会动脑筋、具有非凡创造能力的人才。他感慨回国这么多年，中国还没有一所这样的学校，学生们总是别人说过的才说，别人做过的才做。真正的创新，就是敢于研究别人没有研究过的科学前沿问题。钱学森晚年在致力于人才培养工作时，多次强调创新精神是必不可少的，他认为研究问题就是为了解决问题，而解决问题不创新是不行的，他激励别人和自己一起保持强烈的求知欲。钱学森常说："认知过程是无穷的，知识也是无穷的。过程、历史、发展、前进，永无止境。我们现在知道的只是一小块，我们不知道的才是大海！"

钱学森曾说："回国后，我觉得国家对我很重视，但是社会主义建设需要更多的钱学森，这样国家才会有大的发展！"面对中国的未来，过去以知识传授为主的教育模式已经不能满足中国对创新型人才的需求，构建以创新为导向的教育新型模式势在必行。

三、集大成智慧缔造新模式

钱学森晚年特别关注国家的社会主义建设和未来发展。他认为，科技创新人才培养问题就是国家未来发展的关键所在。大约从 20 世纪 80 年代开始，钱学森关于教育的构想逐渐形成了，这就是“大成智慧教育构想”，它是一种前所未有的通才教育模式，回答了在当前条件下科技创新人才培养的问题。这一构想，是钱学森晚年教育思想的概括，也可以看作是对“钱学森之问”的回答，它为社会各界共同应对“钱学森之问”增添了丰富的营养。

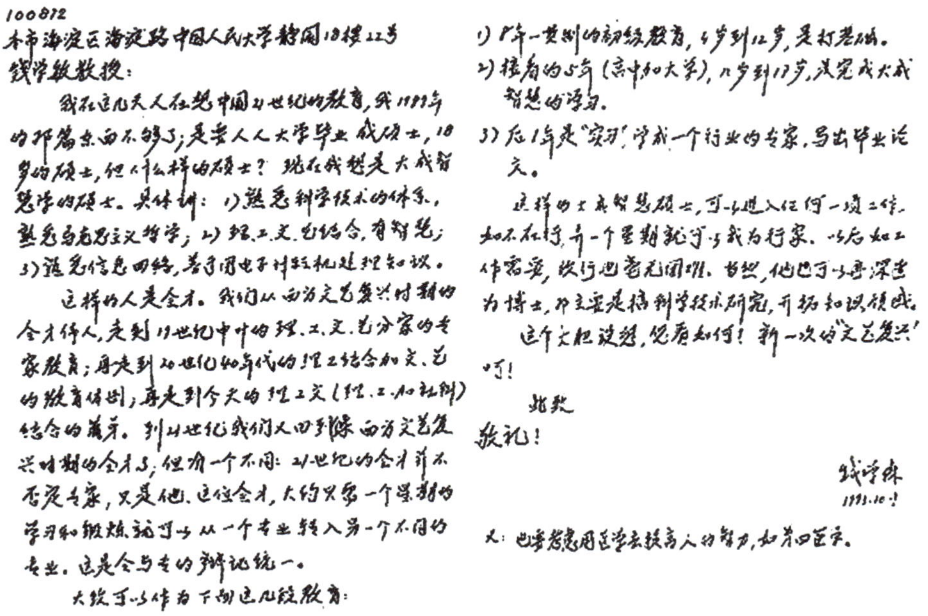
100872
本市海淀区海淀路中国人民大学静园18楼22号
钱学敏教授：
我在这几天人在想中国21世纪的教育，我1993年的那篇东西不够了；是要人人大学毕业成硕士，18岁的硕士，但什么样的硕士？现在我想是大成智慧学的硕士。具体讲：1）熟悉科学技术的体系，熟悉马克思主义哲学；2）理、工、文、艺结合，有智慧；3）熟悉信息网络，善于用电子计算机处理知识。
这样的人是全才。我们从西方文艺复兴时期的全才伟人，走到19世纪中叶的理、工、文、艺分家的专家教育；再走到20世纪40年代的理工结合加文、艺的教育体制；再走到今天的理工文（理、工加社科）结合的萌芽。到21世纪我们又回到继西方文艺复兴时期的全才了，但有一个不同：21世纪的全才并不否定专家，只是他、这位全才，大约只需一个星期的学习和锻炼就可以从一个专业转入另一个不同的专业。这是全与专的辩证统一。
大致可以作为下列这几段教育：
1）8年一贯制的初级教育，4岁到12岁，是打基础。
2）接着的5年（高中加大学），12岁到17岁，是完成大成智慧的学习。
3）后1年是“实习”，学成一个行业的专家，写出毕业论文。
这样的大成智慧硕士，可以进入任何一项工作，如不在行，有一个星期就可以成为行家。以后如工作需要，改行也毫无困难。当然，他也可以再深造为博士，那主要是搞科学技术研究，开拓知识领域。
这个大胆设想，您看如何！新一次的文艺复兴呵！
此致
敬礼！
钱学森
1993.10.7
又：也要考虑用医学去提高人的智力，如开四医学。

图 4-10 1993 年 10 月 7 日，钱学森写给钱学敏教授关于“大成智慧教育构想”的一封信

构想之一：用现代科学技术体系结构培养和教育学生

钱学森曾对身边的工作人员说：“我想说的不是一般人才的培养问题，而是科技创新人才的培养问题。”钱学森大成智慧教育的第一个构想，也是最核心的问题，就是用现代科学技术体系结构来培养和教育学生。今天，中国大学生当然要有专

业，否则毕不了业，但是首先他们要对整个的科学知识体系有一个完整的了解，知道他所学的专业在知识体系中的位置和相互联系。按照大成智慧教育的构想，教育是没有专业的，社会发展到今天，已经不可能用一门或几门知识去迎接挑战，而是要用整个知识体系去应对。这是一种睿智的发现和大胆的教育想象。

构想之二：让大学生懂得系统科学

钱学森说，从现代科学技术发展来看，一方面，已有学科不断分化，越分越细，新学科、新领域不断产生，呈现出高度分化的特点；另一方面，不同学科、不同领域之间相互交叉、结合与融合，向综合性、整体化的方向发展，呈现出高度综合的趋势。系统科学就是这后一发展趋势中最具有基础性的学问。

钱学森是公认的系统科学中国学派的开创者，他号召学者们一起参与系统科学的研究，他说："我们若是把这件事做成了，将会是震动世界的，在科学史上的意义将不亚于相对论和量子力学。"钱学森大成智慧教育的第二个构想便是，用系统科学的知识培养和教育学生。一定要让学生上系统科学的课程，把系统科学的最新成果教给学生。让学生对客观世界有一个整体的认识，对于不同类别的系统，知道用哪一类方法论去面对。

构想之三：让科学和艺术"联姻"

1991 年，国务院、中央军委授予钱学森"国家杰出贡献科学家"荣誉称号，他是唯一获此殊荣的人。在人民大会堂举办的授奖仪式的即兴演讲中，钱学森专门提到他的夫人、女高音歌唱家蒋英。他说："44年来，蒋英给我介绍了音乐艺术……正因为我受到这些艺术方面的熏陶，所以我才能够避免死心眼，避免机械唯物论，想问题能够更宽一点、活一点。"他还曾说："难道搞科学的人只需要数据和公式吗？搞科学的人同样需要有灵感，而我的灵感，许多就是从艺术中悟出来的。"

钱学森大成智慧教育的第三个构想是，大力加强学生的形象思维的训练。形象思维是钱学森创立的思维科学研究的重要内容。1980年，他在《中国社会科学》第6期发表的《现代科学技术的发展》一文中提出，思维科学包括逻辑思维、形象思维和其他各种思维过程。他在1984年举行的全国思维科学会议上提出，思维科学研究的突破口在于形象思维的研究。大学怎样进行形象思维训练，形象思维到底能对科学创新产生怎样的影响，他也没有展开论述。但钱学森通过自己对思维的研究，以及从自己的科研实践中，切实感受到了形象思维对于科学创新的力量。

构想之四：改革数学课程

钱学森大成智慧教育的第四个构想是，改革数学课程。钱学森曾明确提出，对数学课的课时数作一定的调整，将数学课教授的重点转移到利用计算机求解和理解计算机给出的答案。

数学课的改革要面对人·机结合这种科研方式。但是，部分高校依然沿用着传统的模式，教人怎么去算，这样一来，浪费了很多时间。

从大成智慧教育构想的几个方面看，它切近科学技术发展的前沿，把握住了科技发展的规律和拔尖人才培养的规律。从国内来看，在高校培养科技创新人才的模式中，钱学森的大成智慧教育构想可以说是最新的一种，是最靠近21世纪中国先进教育理念的一种教育构想和教育模式。虽然钱学森非常欣赏美国加州理工学院的人才培养模式，但是可以看出他的大成智慧教育并没有完全照搬美国人的教育方法，而是将其中精华取出，与中国环境相融合，是一种具有更高着眼点和更具内涵的教育模式。

四、钱学森旗帜引领新人才

"钱学森之问"引起了大批教育工作者及社会各界人士的高度关注和激烈讨论，钱学森倡导的创新型人才培养模式的理论使得全社会对人才质量开始重新思考。在钱学森感叹中国缺乏创新型人才并提出大成智慧教育构想多年后的今天，中国已经在钱学森教育思想伟大旗帜的带领下，开始逐渐更新教育观念，涌现出了一批又一批创新性培养试点，同时取得了令人欣喜的成绩。

1. 钱学森班

目前国内共有包含大学、中学及小学在内的多所学校开设

图 4-11　钱学森与青少年亲切交流

了"钱学森班",其中大学分别为西安交通大学"钱学森实验班"（2007 年成立）、清华大学"钱学森力学班"（2009 年成立）、武汉生物工程学院"钱学森实验班"（2009 年成立）、国防科学技术大学"钱学森创新拓展班"（2010 年成立）、上海交通大学"钱学森班"（2013 年成立）、西安电子科技大学"钱学森空间科学实验班"（2014 年成立）。它们各具特色,专业方向各不相同。

　　西安交通大学的"钱学森实验班",意在培养学生初步的系统集成能力、思维能力、实践能力和创新能力,以及可持续发展的自我学习能力；清华大学的"钱学森力学班",意在培养能引领力学和工程技术领域发展，具有优秀人文素养和突出创新能力的杰出人才、学术大师；武汉生物工程学院的"钱学森实验班"，意在为钱学森提出的第六次产业革命和即将到来的生物产业大发展培养品学兼优、具有创新精神的高素质研发人才；国防科学技术大学的"钱学森创新拓展班"，意在培养思想政治素质优良、军事基础素质良好、理论基础厚实、创新实践能力突出，具有明显专长，具备国际视野，具有成为国防科技领军人物潜质的拔尖创新人才；上海交通大学的"钱学森班"，意在能够为先进制造、汽车和舰船动力、航天航空、核能、新能源及重大工程管理等重要行业领域，培养具有创新潜质的拔尖人才；西安电子科技大学的"钱学森空间科学实验班"，意在探索创新型人才培养模式，培养空间科学与航天技术领域的领军人物。

2. 钱学森学院

2016 年 12 月 24 日，我国第一个冠以人民科学家钱学森之名的学院落户西安交通大学。"钱学森学院"的成立使中国在创新人才培养模式的探索中再次向前迈进了一大步。

"钱学森学院"将继续发扬钱学森的科学精神和教育思想，培养优秀拔尖人才，瞄准时代对育人提出的新需求，以目标为导向，以问题为指引，剔除弊端，解放思想，用新的体制和系统思维培养有能力、有担当的青年才俊。"钱学森学院"正是以钱学森科学精神和教育思想为指引，专注本科教学，奉

图4-12　薛惠锋院长与钱永刚教授参加西安交通大学"钱学森学院"成立仪式

行荣誉教育，集中优势资源，实施跨学科通识教育，为品学兼优的学生创造不设"天花板"的成长空间，培养基础知识宽厚，兼具科学创新能力与综合人文素养的拔尖创新人才，让钱学森的精神思想在人才培养中落地生根。

在中国航天系统科学与工程研究院的推动下，"钱学森学院"致力于为国家培养拔尖航天人才、签订人才培养战略合作框架协议、探索校企合作人才培养模式，为中国航天、国防科技持续培养优秀领军人才。学校还与全国高校创新创业投资服务联盟签约共建创新创业学院，联合推动高校"双创"教育工作。

钱学森曾说："想到中国未来长远发展的事情，忧虑的就是我们的人才培养问题。"如今，越来越多的"钱学森班"和"钱学森学院"相继成立，使钱学森主张的人才培养新模式及大成智慧教育的思想真正开始得以实施并变为现实。中国正在用实际行动回应"钱学森之问"，在创新人才培养上取得的成就正是对心系国家教育问题的钱学森的最好告慰。

第五章

风范永存

钱学森不仅仅是"两弹一星"元勋，中国航天事业的奠基人，更是一位思想家、科学家、教育家、战略家，是时代的楷模，永远的丰碑！钱学森不仅为国家留下了宝贵的科学成就和深邃的科学思想，更为后人留下了永恒的科学精神！本章从思想先驱、科技泰斗、育人导师、做人楷模的角度，彰显出钱学森精神与民族时代精神的高度统一，科学精神与人文精神的高度统一，是航天、民族精神的生动体现，是国家民族之魂。

1991年10月16日，钱学森获国务院、中央军委授予的"国家杰出贡献科学家"荣誉称号及中央军委授予的一级英雄模范奖章

第一节　思想先驱助力国家发展

新中国成立以来，特别是改革开放 30 多年以来，在中国共产党的领导下，我国在政治、经济、文化等方面取得了举世瞩目的巨大成就，人民生活水平显著提高，国际地位不断提升。但是，在全面深化改革的关键时期，我国还面临着环境污染、资源浪费等复杂问题，迫切需要从社会发展的各个领域、各个层面加强顶层设计和总体规划。钱学森系统科学思想具有交叉性、综合性、整体性，能把自然科学、社会科学等领域研究的问题联系起来作为系统进行全面分析与解决。经过 30 多年的发展与完善，钱学森系统科学思想对于解决复杂社会问题，实现跨领域、跨时空、跨层级、跨学科的协同创新，有效进行资源整合，推动经济社会发展具有重要的现实意义。

一、科学实践缔造科学思想

钱学森系统科学思想萌芽于其在美国的学习和工作经历。

1935 年至 1955 年的 20 年中，钱学森主要从事自然科学技术研究，特别是应用力学、喷气推进及火箭导弹研究，取得了巨大的学术成就，同时，他还创建了物理力学和工程控制论，成为国际著名科学家。工程控制论已超出了自然科学领域，自然科学是从物质在时空中运动的角度来研究客观世界，而工程控制论是研究代表物质运动的事物之间的关系，以及这种关系的系统性质、我们所期望的功能，而非物质运动本身。工程控制论表明钱学森已经开始了跨学科、跨领域的研究。钱学森所著的《工程控制论》一书中提到的系统科学思想、理论方法与应用至今仍深刻地影响着系统科学、控制科学、管理科学及其他科学的发展。

航天实践进一步完善了钱学森系统科学思想。1955 年，钱学森回到祖国，将主要精力集中在开创我国火箭、导弹和航天事业上。在周恩来、聂荣臻等老一辈无产阶级革命家的领导下，钱学森在开创我国航天事业过程中，把科学技术创新、组织管理创新、体制机制创新有机结合起来，通过综合集成创新开创了一套既具有普遍科学意义，又具有中国特色的系统工程管理方法与技术。这一时期，钱学森的科学才能和智慧得以充分发挥，钱学森系统科学思想逐渐成熟。中国航天一次又一次的成功实践，证明了钱学森系统科学思想的科学性和有效性。

晚年智慧推动系统科学思想传播。系统科学思想贯穿于钱学森的整个科学历程，20 世纪 80 年代，退休的钱学森以"系统学讨论班"的方式开始了创新系统科学体系的工作。这一时期，钱学森学术思想之活跃、涉猎领域之广泛、创新性之强大，在学术界十分罕见。在讨论班上，钱学森提出将系统分为简单系统、简单巨系统、复杂巨系统和特殊复杂巨系统，摒弃了原有思想，提出了新的系统分类思想。他认为，社会系统是最复杂的系统，属于特殊复杂巨系统，具有开放的，与外部环境有物质、能量和信息交换的功能，可称为开放的复杂巨系统。讨论班集结了全国各地、各领域的专家学者，他们就系统学开展讨论与研究，使系统科学思想在各个领域传播，在当时产生了巨大的推动和影响，为军事系统工程、交通系统工程、环境系统工程、教育系统工程、信息系统工程、法治系统工程、人口系统工程、水利系统工程、矿业系统工程、能源系统工程的创立培养了大批人才。

二、科学思想推进协同创新

协同创新与融合是当今全球发展的大趋势，是实施创新驱动发展战略的重要举措。全球性的科学技术进步日新月异，科技创新推动着全球加快发展，发达国家运用协同创新与技术融合占领了世界科技的高地，抢占了高端科学技术和市场的高峰，成为谋取世界霸权的重要战略手段。党的十八大以来，习近平总书记把创新摆在国家发展全局的核心位置，高度重视科技创新，围绕实施创新驱动发展战略、加快推进以科技创新为

图 5-1　钱学森晚年讲授系统科学思想

核心的全面创新，提出一系列新思想、新论断、新要求。在经济全球化的背景下，协同创新越来越成为科技创新活动的鲜明特征。当前，中国正处于经济结构调整、发展方式转变的关键历史时期，实施创新驱动发展战略需要更大范围、更深层次的合作，需要分享各国改革创新经验，在开放创新的合作中解决发展难题。因此，实施创新驱动发展战略必须要加强协同创新，共享机遇。

钱学森系统科学思想将推动协同创新发展。钱学森系统科学思想的核心是综合集成思想。20 世纪 80 年代末期，钱学森提出了"从定性到定量的综合集成方法"以及它的实践形式"从定性到定量综合集成研讨厅体系"，两者简称为综合集成方法，它所产生的思想就是综合集成思想。综合集成思想的实质是把思想库体系、模型库体系、专家库体系、网络和信息化体系、数据体系以及决策支持体系有机结合起来，构成一个高度智能化的人·机结合、人·网结合体系，把数据、资料、信息、人的经验、知识、智慧集成起来，解决所面临的各种复杂问题。薛惠锋教授在综合集成思想的基础上又提出了综合提升思想，即通过综合集成一切思想、理论、技术、方法和实践经验的智慧积累等手段，把系统从不满意状态提升到满意状态，实现系统性能的整体提升。综合集成思想与综合提升思想是跨学科、跨领域、跨层次综合集成创新，与我们当今提倡的协同创新高度一致，将有效实现多主体、多元素共同协作、相互补充、配合协作的创新行为，提高我们认识世界的水平和改造世界的能力。

三、科学思想服务国家发展

伴随着我国经济社会的快速发展，人民的生活水平不断提高，社会和谐稳定，国际地位显著增强。曾经的"人口红利""开放红利""资源红利"为当今中国带来发展机遇的同时，

图 5-2　钱学森在思维科学讨论会上讲话

也带来了复杂的矛盾问题。为实现中国梦，我们将全面深化改革开放、全面推进依法治国，不断推进现代化建设，不断提高人民生活水平，需要加强顶层设计和总体谋划。正如习近平总书记指出的，改革是庞大复杂的系统工程。任何一项改革都会牵一发而动全身，必须放在大系统内来考量，改革与发展面临诸多棘手难题，破解每一个难题都应用系统工程来解决。以钱学森为代表人物的系统工程中国学派，将钱学森系统思想、系统理论、系统方法和系统技术与系统应用扎根于经济社会发展的各个领域。结合当今中国发展的实际情况，面对层出不穷的新生事物，日新月异的社会更替，庞杂的事物和复杂的社会系统，我们既要在已获得成果的基础上加强资源整合、全面共享，又要不断实现创新发展与全面共赢，钱学森系统科学思想将发挥重要的作用。

20世纪90年代，在钱学森系统科学思想的指导下，当时的航天部710所取得了辉煌的成绩。当时的710所运用系统科学思想开展的研究成果为党和国家决策提供重要依据，为航天、国防、经济社会建设提供重要的支撑。先后参与"财政、价格、工资系统研究""中国人口控制与预测""中国宏观经济政策模拟和经济调控系统研究""三峡工程国民经济承受能力分析"等重大课题，得到国家领导人的高度评价，使710所成为中南海"金海工程"的第一批十三家信息源单位之一。

新的历史时期，钱学森系统科学思想致力于推进改革发展"顶层设计"。它是从系统角度出发，着重从整体与局部、局部与局部、结构与功能、优化与建构、信息与组织、控制与反馈、系统与环境之间的相互联系、相互作用中综合研究和精确考察事物主体，以求达到最佳认识主体和正确进行实践活动的思维方式。一个企业，一个部门，甚至是一个国家的管理，只有从整体上研究和解决问题，才能把管理系统的整体优势发挥出来，收到"1+1>2"的效果。现实中，从微观、中观到宏观的不同层次上，都存在条块分立、各自为政的情况。这里包含着体制、机制问题，利益问题，也有固有思维的影响。钱学森一直大力推动社会系统工程应用，曾经多次提出建立国家总体设计部的建议。他在《工程控制论》中曾写到，用多个不可靠的元器件经过有序组成，可形成一个可靠运行的系统，这是钱学森系统科学思想的一大精髓。运用具有整体性、协同性、动态性等特性的钱学森系统科学思想进行"顶层设计"，或将有效推进社会资源整合与融合，发挥系统的整体效能，推进当今深化改革带来的复杂问题与难题的有效解决。

图 5-3　1957 年，钱学森所著的《工程控制论》获得中国科学院 1956 年度科学奖学金一等奖

钱学森是我国国防事业建设中作出历史功绩的科技泰斗，更是马克思哲学思想继承、创新并广泛传播的思想先驱。在国家改革发展的关键时期，我们不仅要运用并传播钱学森系统科学思想，还要学习宣传钱学森系统科学精神，力争为国家发展和社会进步作出更大贡献。

第二节　科技泰斗提振强国之梦

浩瀚星空，辽阔宇宙，每个自强不息的民族都有着它的航天梦。从玉兔登月，大运首飞，到高超音速飞行器定型，重型火箭发动机研制，神十一对接，最大推力新一代运载火箭"长征五号"升空，"天宫二号"成功发射……一项项傲人的成就向世界展示着中国智慧、中国精神、中国力量！对此，中共中央总书记、国家主席、中央军委主席习近平于 2016 年 4 月 24 日，即首个"中国航天日"作出重要指示，"探索浩瀚宇宙，发展航天事业，建设航天强国，是我们不懈追求的航天梦。经过几代航天人的接续奋斗，我国航天事业创造了以'两弹一星'、载人航天、月球探测为代表的光辉成就，走出了一条自力更生、自主创新的发展道路，积淀了深厚博大的航天精神。设立'中国航天日'，就是要铭记历史、传承精神，激发全民尤其是青少年崇尚科学、探索未知、敢于创新的热情，为实现中华民族伟大复兴的中国梦凝聚强大力量。"

伴随航天事业的光辉历程，中国在政治、经济、文化和社会建设等方面都取得了举世瞩目的伟大成就。然而，这些成就的取得离不开一代代群星般闪耀的杰出人物的重大贡献，这其中有无畏的战士、勤奋的工人和农民以及艰苦奋斗的知识分子，他们怀着满腔爱国热情，用自身的才华和毅力甚至是生命来支撑着国家事业的发展和社会的进步。在这灿烂的群星之中，有一颗最为耀眼，他的名字伴随着中国国防科技事业的发展，伴随着中国航天事业的开拓，伴随着我们每个人的成长，伴随着社会的发展进步甚至是人类前进的足迹，他就是伟大的人民科学家——钱学森。有人说伟人和大师几百年甚至上千年出一个，可以说钱学森是真正的一代宗师，百年难遇。很多老一辈革命家都认为钱学森是一位即使站在世界上也不输给谁的科学上的巨人。中国人民解放军总后勤部原政委张文台上将曾说："钱学森值得我永远学习，他是思想的先驱、科技的泰斗、育人的导师、做人的楷模。"

一、竭力点燃强国科技之梦

中华民族的伟大复兴梦启于中国共产党带领全国各族人民推翻"三座大山"、迈向社会主义的历史新纪元。新起点带有无限的希望，但也充满了艰辛与苦难。20 世纪 50 年代中期的中国百废待兴，外敌虎视眈眈。面对这种形势，中国领导人清醒地认识到，唯有强大的军事与科技实力，才能保障国家的安全和民族的富强。

钱学森就是抱着航空救国的梦想，踏上了赴美求学的道路。经过在美国 20 年的学习和研究，钱学森成为了著名的空气动力学专家、航空推进专家和世界数一数二的航天专家，并为反法西斯战争和人类和平作出了卓越的贡献。当新中国成立的号角划过天际，在海外游子们心中响起时，钱学森兴奋地意识到："该回国了！"1955 年 10 月，钱学森历尽艰辛万苦冲破美国政府的重重阻挠，终回祖国的怀抱。在举国上下面临缺钱、缺人、缺技术的大困境下，陈赓大将问："我们中国人能不能搞导弹？"钱学森却依然自信满满地回答道："有什么不能的？外国人能造出来的，我们中国人同样能造出来。难道中国人比外国人矮一截不成？"

自此，钱学森在毛泽东、周恩来和聂荣臻等老一辈无产阶级革命家的领导下，带领中国科技工作者在一穷二白的基础上创建了中国航天事业，成功研制中国自主设计的导弹武器，并在 1966 年完成"两弹结合"试验，中国从此拥有了真正的国防尖端武器。在复杂的世界格局中，中国依靠战略威慑武器取得了和平发展的国际环境，这个效应一直延续至今。1970 年，钱学森领导中国航天科技工作者研制的"东方红一号"卫星成功发射升空，"两弹一星"的成就奠定了中国的国际大国地位。20 世纪 70 年代末以来，钱学森在诸多学科领域进行了不懈的探索，特别是在社会科学、系统科学、思维科学等领域做出了开创性工作，他倡导的系统工程、总体设计部、综合集成方法等为中国的社会管理与经济建设作出了重要贡献。

作为享誉海内外的杰出科学家和中国航天事业的奠基人，钱学森以其出色的才华与杰出的贡献享誉世界，深受国际友人、华夏各界由衷赞赏。美国著名航天工程学家、钱学森的导

图 5-4　钱学森在科研一线

师冯·卡门对这位弟子极度认可："他是一个无可置疑的天才，他的工作大大促进了高速空气动力学和喷气推进科学的发展。我发现他非常富有想象力，他具有天赋的数学才智。人们都这样说，似乎是我发现了钱学森，其实，是钱学森发现了我。"美国火箭专家克拉克评价道："中共的归国学人当中，无人重要性能出钱学森其右。"中国工程院院长路甬祥亦是认为："钱学森院士作为'两弹一星'功勋奖章获得者和唯一的'国家杰出贡献科学家'，既是一位杰出的科学家，也是一位伟大的爱国主义者，始终将个人的前途与祖国的命运联系在一起。"钱学森的学生、国务委员宋健也提出："钱学森是我们的民族英雄！"而中国科技协会副主席庄逢甘更是认为："中

国的火箭事业始于钱学森。若非钱学森，中国的科技还要落后二十年。我们的太空发展就不可能有今天的成就。他既是首席科学家，也是最高权威。"

图 5-5　东风-15B 导弹方阵

在举国上下为雄壮伟丽、装备精良的"9·3阅兵"而倍感自豪之际，名为"东风"的钢铁雄师，让中国人民挺直脊梁，这一令全世界瞩目和敬畏的国之利器正是肇始于人民科学家、战略科学家——钱学森先生。60 年前，他留学海外学有所成时，原本可以在美国过优越的生活，但他心系苦难中的祖国，即使被禁止参与研究，甚至被投入监狱，也没能让他屈服。他历尽千辛万苦，终于回到祖国怀抱。他为世界反法西斯战争的胜利、为祖国傲立于世界作出了独特贡献。中国航天系统科学与工程研究院薛惠锋院长对其发出由衷赞叹："钱学森为祖国争光，为世界添彩，更为中国人长脸！他代表中国在世界科技前沿说话；他在茫茫宇宙中为中国人标注了迈向航天的高度；他始终把人民珍藏在滚烫的心间；他让一个曾经缺'钙'的民族有了争气的脊梁。高挂在太空上的'钱学森星'永远照亮华夏儿女的征途，钱学森的名字永远镌刻在中华民族丰功伟业的历史长河之中！"

二、科学精神攻克巍峨高山

伟大的精神造就伟大的人物，伟大的人物成就伟大的事业。钱学森的人生是一段精彩的传奇，钱学森的成就是一座巍峨的高山，而作为一代科技泰斗，钱学森的精神更是一笔无可替代的宝贵财富。面对错综复杂的国内外形势，中国航天事业要继续攻坚克难，每一位华夏儿女也要为早日实现中华民族伟大复兴的中国梦而不懈努力，这就需要树立以钱学森精神为代表的不可撼动之力量。学习钱学森，不仅要了解其生平事迹，更应该学习他高贵的精神品质，让科技泰斗之精神、品质成为最广大人民群众的学习资源。同时，还要深入挖掘其精神本身的形成规律，探索出培育这种精神的科学途径，而这也正是在一定程度上求解"钱学森之问"所要考虑的重要方面。在长期学习与探索过程中，总结其精神的内容至少包括：

勇于担当、不图己荣的爱国情怀。2008 年 2 月，感动中国组委会在授予钱学森"感动中国 2007 年度人物"的颁奖词中这样评价："在他心中，国为重，家为轻，科学最重，名利最轻。5 年归国路，10 年两弹成……他是中华民族知识分子的典范。"钱学森从小立报国之志，赤心报国，始终把自己的命运与国家的命运紧密相连，每一次人生选择无不充满了报国情怀。矢志报国，源于对伟大祖国的深厚感情。科学无国界，但科学家有自己的祖国。钱学森是在旧中国积贫积弱、千疮百孔的情况下赴美求学，虽然美国科技很发达、条件很优越，但他清楚地知道，那里只是他人生的一个驿站，遥远的祖国才是他的家。怀着对祖国的深厚感情，他选择了航空救国的人生道路，发愤苦读，志在报国。在美国 20 年，他时刻准备回国，没有买一美元的保险；在将风洞原理应用于风车发电的实例计算时，他选取的条件就是和祖国一样的自然条件。"我的事业在中国，成就在中国，归宿在中国"，生动诠释了钱学森真挚浓烈的赤子情怀。而他百折不挠，源于对民族自强的坚定信念，源于始终坚信中华民族有能力屹立于世界民族之林，并为此付出了全部激情和心血。在美国学习工作期间，他始终密切关注祖国的命运和时局的变化，无时无刻不思归国参加建设。正是在铁一般信念的坚强支撑下，无论是麦卡锡主义的威逼恫吓，还是金钱地位的利诱蛊惑；无论是身陷牢狱遭受迫害，还是受到监控失去自由，他都没有动摇归国的坚定决心，其崇高的民族气节可歌可泣。

愿为公仆、永守誓言的爱党情怀。在中国政府反复交涉之下，美国政府不得不停止对钱学森的扣留，在他乘船回国途经菲律宾马尼拉港口时，上来一个美联社记者，头一句话就问他是不是共产党。钱学森说，共产党人是人类最崇高的人，我还够不上共产党员的资格呢！回国后，钱学森目睹了祖国发展的新景象，看到党的各级领导干部廉洁奉公、全心全意为人民服务的形象，使这位在旧中国度过漫长黑夜的科学家大为感动。在学习了党的知识以后，他深深地认识到，党的事业是非常伟大的，而他个人不管有多大本事，如果不依靠党组织，他所追求的祖国强大的梦想无法实现。所以他回国不久就萌生了入党的愿望，他到当时的科学院党组书记张劲夫家，谈了自己在美国的遭遇，并郑重提出入党请求。张劲夫对钱学森要求进步的动机给予了肯定和鼓励。无论是其长达七页纸的"思想检查"，还是长达八页纸的"交心材料"，都彰显了钱学森对加入中国共产党的渴望。对于入党，钱学森视其为"人生三大激动"之一。这正是一位科学泰斗对党、对祖国、对人民热爱之情的独特表达，也揭示了钱学森辉煌一生的根本所在。

务实创新、为民服务的科学精神。1964年，一位远在新疆生产建设兵团农学院的年轻人郝天护给钱学森写信，指出钱学森的一篇力学论文中的一处错误，并提出纠正意见。信发出后，郝天护惴惴不安。然而，几天后他收到了钱学森的亲笔回信："我很感谢您指出我的错误。您应该把您的意见写成一篇几百字的短文，投《力学学报》刊登，帮助大家。"他不仅会向他人承认错误，也会在真理面前与冯·卡门和冯·米塞斯这样的大师争得面红耳赤，因为他始终认为研究工作必须实事求是、坚持真理、勇于创新，正如他所说："我们不能人云亦云，这不是科学精神，科学精神最重要的就是创新。"

图 5-6　钱学森与科技工作者在一起

同时，作为一位伟大的科学家，他用自己的一生始终实践着一句看似平凡而伟大的诺言："我作为一名中国的科技工作者，活着的目的就是为人民服务。如果人民最后对我的一生所做的工作表示满意的话，那才是最高的奖赏。"20 世纪 60 年代是中国国防科技事业发展关键期，而这时国家也刚刚度过三年困难时期，全国人民生活十分艰苦。为了保证科技专家的正常工作，党和国家想尽办法在生活上给予照顾。聂荣臻特意给钱学森家送去一点猪肉并交代说，给钱学森补充营养。而钱学森面对炊事员为他做的一小碗红烧肉，厉声责问："你们不是不知道，现在全国人民都很困难，连毛主席、周总理都不吃肉了，你们居然给我做红烧肉，党性到哪里去了？"并说："我不能搞特殊，要和全国人民共渡难关。"

艰苦奋斗、自强不息的进取精神。钱学森渊博的知识、敏锐的思维让很多人羡慕不已，但是知识的累积、成就的取得离不开他那份积极进取的精神。钱学森在积贫积弱、千疮百孔的国情下赴美留学，迎来的是诸多欧美学生对中国人轻蔑的眼光，对此钱学森义愤填膺："作为个人，你们谁敢和我比成绩？"一次，有位教授出了一套很难的考题，全班大部分同学都做不出来，成绩不及格，这在学生中引起不满，决定找教授评理。当学生们来到教授办公室门口时，却发现钱学森的试卷被贴在门上，卷面书写干净工整，每道题都完成了，因此不敢再去找这位教授了。怀着这份自尊、自强与自信，钱学森潜心研攻，仅用一年的时间即获得了麻省理工学院航空工程硕士学位，35岁就成为麻省理工学院的终身教授，世界知名的火箭喷气推进专家，美国空军科学咨询团成员，美国海军炮火研究所顾问。回到祖国，年轻的共和国工业门类残缺不全、人才奇缺、资金困难、科研条件几近于零，但钱学森依然坚信"外国人能造出来的，我们中国人同样能造出来"。新中国的导弹和航天事业就在这一穷二白的状态下迈开了它的第一步，归国不久的钱学森也开始谱写他长达近 30 年艰辛而又辉煌的中国航天事业创业史。

淡泊名利、甘为人梯的奉献精神。钱学森的一生为党、为祖国、为人民勤恳工作，业绩斐然，功勋卓著，但是他从不居功自傲，对于别人的赞誉总是说"不敢当"，"我个人仅仅是沧海一粟，真正伟大的是党、人民和我们的国家"。对于金钱、地位他从来淡然处之，常说"我姓钱但不爱钱"。为了潜心科研，他主动辞去了国防部五院院长的职务。涂元季将军说，钱学森一辈子为名所累，就想非常低调地做人做事。在日常工作中，他对自己的生活规定过很多"不"，包括不题词、不为别人的书写序、不参加任何成果鉴定会，退出一线工作以后不去外地出差、不出国、不参加任何应景的活动、不担任任何荣誉职务。时任美国总统的科学顾问乔治·基沃斯来华邀请钱学森访美，由总统或副总统授予他国家科学勋章，钱学森毅然拒绝了。他说："如果将来我死了以后，中国人民说我钱学森还为党、为国家、为人民办了点事的话，那才是最高的奖赏。"所以，感动中国推选委员阎肃、陈章良分别这样评价钱学森："大千宇宙，浩瀚长空，全纳入赤子心胸。惊世两弹，冲霄一星，尽凝铸中华豪情，霜鬓不坠青云志。寿至期颐，回首望去，只付默默一笑中。""他不仅以自己严谨和勤奋的科学态度在航天领域为人类的进步作出卓越的贡献，更以淡泊名利和率真的人生态度诠释了一个科学家的人格本质。"

　　敏锐洞察、未雨绸缪的远见卓识。钱学森参与撰写的美国军方和美国国防部高技术报告《迈向新高度》，被誉为奠定二战后美国取代德国在航空史上领先地位的理论基础之作，成为美国战后火箭、导弹、飞机长远发展的重要蓝图。归国后的钱学森肩负祖国导弹和航天器研制的技术领导重任，他始终站在世界科技的前沿，以自己的远见卓识对中国国防科技和科学技术发展做出战略性、全局性思考。"中国共产党人要看到国家的未来，考虑50年后、100年后，以至1000年后的中国与世界。"在新中国第一个12年科学规划制定中，他主持和参与提出6个紧急项目，后来成为影响我国科技发展全局的关键点和生长点，特别是他主持提出和实施的喷气与火箭技术的建立，为我国现代国防事业的发展奠定了重要的技术基础。他于1956年提出用于风力发电的"风洞风车"构想，比国外提出同类型装置要早10多年；他起草的《建立我国国防航空工业的意见书》，第一次系统地从领导、科研、设计、生产等方面提出了发展中国火箭和导弹技术的重要意见；他主持的《我国地地导弹发展途径的意见》，科学规划了中国中近程、中程、中远程和洲际导弹的长远发展。他向中央提出的中国人造卫星研究计划及卫星发展的"三部曲"，描绘了中国空间技术发展的宏伟蓝图。直至晚年，钱学森还心系国家未来发展，特别是针对杰出人才的培养向党和国家领导人建言献策。

　　融汇贯通，灵活运用的创新精神。钱学森曾说，"懂得哲学的人才是真正思想解放的人", "马克思主义哲学是智慧的源泉"。他以科学家的理性精神学习研究马克思主义理论，尤其是马克思主义哲学，坚信马克思主义理论是迄今最科学的社会科学理论，马克思主义的世界观是科学的世界观。他认为思想解放必然带来科学的革命，科学革命必然带来技术革命，技术革命带来产业革命，产业革命带来社会变革。如万众创新，大众创业，创客丛生，必然使群众的智慧充分发挥出来，使社会的创造力充分激发出来，使物质充分涌流出来，达到国家富强，民族复兴，人民幸福的目的。习近平总书记对此指出，钱学森同志之所以能够在"两弹一星"的事业和其他科学事业中作出那么大的贡献，是同他真正掌握并善于应用马克思主义哲学密切相关的。钱学森以马克思主义世界观方法论为指导，揭示了系统思想的辩证本质，对系统思想与马克思主义哲学的关系进行了精辟论述，并强调社会主义建设是复杂的社会系统工程，需从系统整体进行总体设计，而这也为社会主义现代化建设总布局提供了重要的理论支撑。

钱学森是科技界的一面旗帜，也是知识分子的一面旗帜，是中国共产党人的一面旗帜，也是中华民族的一面旗帜。科技泰斗之精神作为钱学森的精神禀性，是民族精神的集中体现，是中华民族宝贵的精神财富，曾经为社会主义中国的发展作出了不可磨灭的贡献，当前和今后，它仍将为中国特色社会主义的发展发挥积极作用。尤其在当代中国，市场经济快速发展，改革开放不断深化，科技发展日新月异，经济全球化浪潮汹涌的背景下，学习培育钱学森精神，对于我们建设中国特色社会主义，推动科学发展、促进社会和谐、建设社会主义核心价值体系，具有重要的现实意义。

第三节　育人导师浸润智慧之根

《左传·襄公二十四年》云："太上有立德，其次有立功，其次有立言，虽久不废，此之谓不朽。"这里所说的"三立"，可以理解为人生境界的三个最高标准，即：修养完美的道德品行，建立伟大的功勋业绩，确立独到的论说言辞，就是做人、做事、做学问的理论概括。我国唯一的"国家杰出贡献科学家"、航天事业奠基人钱学森，也正是这样一位"三不朽"的育人导师。

在做人方面，钱学森主要讲究修养完美的道德品行，智慧之根在他的人生当中逐步萌芽产生。在做事方面，他主要建立伟大的功勋业绩，智慧之根破土而出，茁壮成长成为大树。在做学问方面，他主要确立独到的论说言辞，形成重要的科学理论，指导着后人继续开展科学技术研究，并进一步深入开展系统理论研究推动社会发展，智慧大树枝繁叶茂，长成参天大树。

一、嘉言懿行立品立德为源

古圣先贤把"立德"摆在"太上"之位置，因为"德是才之帅，才是德之资"。如今，"育人为本，立德为先"。在钱学森的人生历程里，德为先、育人为本是他毕生的真实写照，是导师立业之根本。

钱学森始终将个人理想与祖国命运相互结合。学生时代，他勤学精进，志在报国，树立"航空救国"的远大理想；留美期间，他潜心攻研，志在兴国，决心学成归国报效，将自己所学用于祖国建设需要。钱学森到美国学习时，就下决心一定要把美国最先进的科学技术学到手后再回来报效祖国。在美国学习工作 20 年，他深谙西方文明特别是现代科学技术的优势，刻苦攻关，曾与冯·卡门一起合作进行的可压缩边界层的研究，揭示了这一领域的一些温度变化情况，创立了"卡门—钱近似公式"。回国前，他的导师冯·卡门高度评价他，"你在学术上已经超过了我"。这与他做人做事方面，能立品立德为源有密切关系。

钱学森用毕生心血践行了自己的心愿，始终不改初衷。回国以后，他献身国防，志在强国，成就了"两弹一星"伟大事业。1991 年 10 月 16 日，国务院、中央军委授予钱学森"国家杰出贡献科学家"荣誉称号和一级英模奖章，他表示出一贯坚持的"我作为一名中国的科技工作者，活着的目的就是为人民服务"的淡然。始终坚持全心全意为人民服务的宗旨，体现立品立德，建立前所未有的伟大功勋。

钱学森对我国的教育事业同样也作出了巨大的贡献，他不仅创立了力学研究所，而且创办了中国科学技术大学近代力学系，更亲自担任系主任一职，自编教材，亲自授课。我们从钱学森走过的航天岁月里窥视到他的育人机密，教书育人是什么？可以这么回答，不是习以为常的课本与教室，而是身体力行的"育人为本，立德为先"。钱学森以德为基，为人师表，这是他做为师长的神圣使命，这也是从古至今对师德最基本的要求。

钱学森始终懂得一个道理，人才培养离不开教育。于是，他在努力从事建设祖国的国防尖端武器研究事业的同时，没有忘记培养相关领域的技术人才。他永远坚持把理论运用到实践同时把实践回归到理论的重要思想，他认为，开展教育工作活动是推动国家科技发展的重要因素。于是，对教育者进行德育、智育、体育、美育、劳育等多方面的教育，使之成为国家需要的人才资源。钱学森时常告诫人们，导师职责就是教书育人，就是把一棵棵幼苗培育成参天大树，就是为人类的未来培养品学兼优的人才。

进入晚年，他老骥伏枥，志在富国，为国家和人民的利益倾注了毕生心智。钱学森自幼深受中华传统文化的熏陶，深知东西方文明各自的劣势和局限性，回国后在党的领导下成功创立了我国航天伟大事业，使他更加清楚明白社会主义制度和中华传统文化的优越性。因此他晚年的理想信念是将东西方文明的精华集结起来，创立认识客观世界、改造客观世界的知识体系。这不但会使中国出现"历史上从未有过的繁荣和强大"，而且综合集成了古今中外的优秀文明成果。这是"站在世界系统整体的角度看世界"，能够从总体上解决人类面临的现实问题，"更长远地为我们人民造福，为全世界，为全人类造福"。

二、实事求是立志立功为本

钱学森的育人精神在"实事求是"这四个字上得到了最真实的还原。他从一位在世界反法西斯战争中为了人类和平而战的坚强卫士，到为我国国防事业建设中作出了历史功绩的中国科技界的领军人物，再到他从更高层次思考科学技术的发展问题，并深入学习和研究马克思主义哲学，同时在多个领域提出了一系列新观点、新思想、新理论。他对整个科学技术的发展、中国未来的社会主义建设，以及应对人类社会面临的重大问题都具有更加长远的重要意义。

在从事建设祖国伟大事业中，钱学森不接受任何新闻媒体的采访，潜下心来搞科研；克服困难，专心致志为我国运载火箭、导弹的研制和发射作贡献；当被誉为"中国导弹之父"时却保持着沉默。在掌声和鲜花面前，他保持着低调，不张扬不炫耀，无论自己事业有多么辉煌，无论成就有多么伟大，无论学问有多么渊博，他总认为自己很平凡。在荣誉和地位面前，钱学森坚信，实事求是，刻苦钻研，才是取得成功的关键因素。

钱学森为世界反法西斯战争中提升同盟的战斗力、加速世界反法西斯战争胜利及推动人类和平与进步作出了重要贡献。在远赴重洋留美 20 年间，他提出了若干重要概念、超前设想和科学预见，在航空工程、空气动力学、薄壳稳定性、喷气推进技术等方面取得了令世人瞩目的开创性成就。特别是在火箭与航空领域，以《工程控制论》的出版为标志，"用不可靠的元器件可以组成一个可靠运行的系统"，开创了一门崭新的技术科学。他还曾与郭永怀合作，最早在跨声速流动问题中引入上下临界马赫数的概念，研究成果十分显著。这不仅是对自动化学科发展的重大贡献，也是对系统科学发展的重大贡献。

钱学森一向实事求是、努力拼搏，从航天工程实践中总结提炼出知识理论，将系统工程思想运用于总体设计部的构建和科学技术委员会的构建，为后来的中国系统工程发展提供了思想、理论、方法、技术、工程等方面的支撑。1978 年，钱学森等在《文汇报》上发表《组织管理的技术——系统工程》，第一次较为明确地定义了对中国系统工程的早期认识。文章描述了系统工程作为组织管理方法与技术，如何控制管理一项复杂的工程项目。举了很多实例，通过具体实例论证，确认对研究对象的系统化分析，然后运用系统工程管理方法与技术严格管控项目中每个重要环节。为进一步发展系统科学理论体系，在钱学森积极的倡议和主导下，在原航天部710所亲自主持和参与"系统学讨论班"长达七年半的时间中，长期组织政府、军队、科研、教育等各个行业的人员进行集中研讨、开展学术报告。大家从不同的学科领域出发，用系统工程的视角来重新认识问题。并开创性提出了"从定性到定量综合集成方法"及其实现形式"从定性到定量综合集成研讨厅体系"，这是钱学森系统思维和系统思想在方法论上的具体体现。讨论班的举办为中国系统工程发展作出了坚实的贡献，因此也被誉为"中国系统工程的摇篮"。

由于钱学森在我国航天事业发展中的突出贡献，他被誉为"中国航天奠基人"，被党中央、国务院、中央军委授予"'两弹一星'功勋奖章"。"两弹一星"研制成功是新中国由弱变强的标志，是新中国成立后最振奋人心、最为世界瞩目的事业。钱学森本人却把自己的贡献看得很淡。他曾多次表明："我做的只不过是党所领导的、有千万科技工作者参加的伟大科研系统工程中的一粒小芝麻，真算不上什么。一切成就归于党，归于集体。"原航天部710所的于景元研究员说："钱学森在开创我国航天事业的同时，也开创了一套既有中国特色又有普遍科学意义的系统工程管理方法与技术。"

钱学森始终耕耘不辍，他树立起的这一座座丰碑，无一不

图 5-7　钱学森获得的"两弹一星"勋章

是通过对客观规律的深刻认识指导实践改造世界，为了国家富
强和人民幸福立志，将科学思想与实践同国家实际情况紧密关
联，为祖国强大不断立下卓越功勋，在系统科学思想、"大成
智慧教育"理念、"山水城市"等理论方面都有建树。他提出
的第六次产业革命以知识密集型大农业为基础的理论，已经在
中国西部地区实践中得到充分证明，让干旱无人的沙漠再次充

满绿色生机，并让西部地区人民想富裕起来的愿望正在变成现实。人类历史上存在了几千年的"三大差别"必将随着第六次产业革命的实现而逐步消除。

三、追求真理立身立言为先

钱学森是一位真正的育人大师，他身体力行，追求真理，最看重的是在科学理论上的创新。他在整个科学技术体系的系统性上作出了自己的创新性贡献。他淡泊名利、坚信科学、追求真理，在做人方面，他立身立言为先，注重个人言行和行为，起到了很好的为人师表的表率作用，带领一大批科研工作者把科研工作、理论研究做得更加圆满。为中华民族腾飞于世界，作出了先导性和奠基性的卓越贡献。这不但推动了中国航天事业突飞猛进，而且为捍卫国家核心利益发展积累了强大实力。

随着现代科学技术的发展，以还原论为基础建立起来的现代科学技术部门越分越细，物理学对物质结构的研究已经到了夸克层次，生物学对生命的研究也到了基因层次，但认识了基本粒子并不能解释大物质构造，知道了基因也回答不了生命是什么。钱学森认为："这种只讲分不讲合的研究方法就有点机械唯物主义的东西在里面了，这样分得越细就越看不见全貌了，你只见树木，不见森林。一棵棵树看得很清楚，但整个森林是怎么回事就不清楚了。"这说明在还原论基础上发展起来的科学领域各自分隔，尚不成体系，无法从总体上回答一些复杂的系统问题，有着很大的局限性。此时此刻，还原论碰到了不能使用相关的理论知识，解决科学理论层面的整体性问题，这将严重阻碍科学进步和发展。

钱学森将以分析为主的西方还原论思维和以综合为主的东方整体论思维辩证统一起来，开创了系统论思维，在此基础上建立的现代科学技术体系是一个不断发展的开放系统，使人类的智慧达到了新的高度。1979年10月，在北京举行的系统工程学术讨论会上，钱学森在《大力发展系统工程，尽早建立系统科学的体系》一文中提出了现代科学技术体系。在这个体系中，不同领域、不同学科、不同层次的知识相互关联、相互影响、共居一体，并且将随着科学技术的发展而不断发展。现代科学体系的构想和框架，是一个开放的矩阵式纵横交错的系统，纵向分为三个层次：顶层次是马克思主义哲学，底层次是现代科学技术的11大部门，通过中间的11架"桥梁"把马克思主义哲学与11大科学技术部门连在一起。使辩证唯物主义建立在科学的基础上，既可以指导科学技术研究，又随着科学技术进步而不断丰富和发展；既把哲学和科学统一起来了，也把理论和实践统一起来了。

系统思想是对客观事物的概括总结，表现为普遍联系及其整体性思想和辩证唯物主义哲学内容。系统思想从哲学思维逐步发展成为系统科学，这是整个建立过程，形成的系统科学体系是一个十分复杂的体系结构。它的逐步形成标志着系统工程已经逐步走向成熟，系统工程理论基础得到整体延伸。

在 20 世纪末，世界局势逐步走向和平共处和稳定发展的道路，各国家正面临社会发展带来的巨大压力。为解决社会中开放复杂巨系统问题，钱学森又提出了综合集成综合提升的方法理论。关于这方面的理论、方法和应用，很多学者都提出了不同的看法，各有利弊。但是，钱学森提出的综合集成综合提升的方法，具有很重要的参考价值。这种方法的系统结构采用了从定性到定量的研究方法，把专家系统、信息与知识系统和计算机系统有机结合起来，从而构成人·机结合、人·网结合的体系结构。对事物处理的总体分析、总体论证、总体设计和总体协调，实现步骤，从定性综合集成，到定性、定量相互结合的综合集成，再到定性到定量的综合集成。这是个循环往复、逐次逼近的过程，从而实现对问题的解决。

从思维科学角度来看，它具有更强的创造能力和逻辑思维能力。这个系统体系，能发挥出综合性优势、整体性优势和智能性优势。这种方法的实质，是为了解决开放复杂巨系统问题。因此，它普遍存在跨学科、跨层次、跨领域的特点。这种高度集成的系统思想，体现钱学森对系统理论的客观认识，具有很高的理论和研究价值。从某种意义上讲，这也是钱学森"大成智慧学"的综合体现。

钱学森在努力追求真理的过程中，始终坚持立身立言为先的做人原则，在系统科学领域、复杂巨系统领域取得举世瞩目的成绩，被誉为系统科学与系统工程的伟大创始人。"事理看破胆气壮，文章得意心花开"，这是钱学森最喜欢的一副对联，也是其一生品格的真实写照。钱学森多次说过："我作为一名科技工作者，活着的目的就是为人民服务，如果人民最后对我的工作满意的话，那才是最高奖赏。"钱学森正是怀着这种崇高而伟大的思想，才取得这样辉煌灿烂的成就。

第四节　做人楷模展现榜样风范

钱学森用他的一生践行了"立业先立德、做事先做人"的准则，他坚定不移的爱国信念、大公无私的学术风范、淡泊名利的崇高品质，始终为世人所称颂，堪称是知识分子以至全体中华儿女做人的楷模。江泽民同志说："钱学森同志是一位具有高尚的爱国主义、坚定不移地为社会主义事业奋斗的战士。我们大家都要向钱学森同志学习，学习他严谨的科学精神，学习他崇高的民族气节和优秀品格。"聂荣臻同志说："作为世界知名的科学家，学森同志更注重谦虚谨慎，严于律己，总是艰苦奋斗地工作，艰苦朴素地生活，从来不计较个人得失。"两院院士、原全国政协副主席宋健曾称赞："钱老是我们的民族英雄。"中国科学院原院长路甬祥说："钱学森院士作为'两弹一星'功勋奖章获得者和唯一的'国家杰出贡献科学家'，既是一位杰出的科学家，也是一位伟大的爱国主义者，始终将个人的前途与祖国的命运联系在一起。"原中科院党组书记、副院长张劲夫曾说："从钱学森在美国和他回国以后的经历中，不难看出，钱学森同志的政治品质和治学品质同样高尚。事实证明钱学森同志是我党难得的政治上成熟的战略科学家，中国人民忠诚的儿子。我冒昧地将他的品德和精神概括为'钱学森精神'，殷切地期望广大青年科技工作者以钱学森同志为榜样，向钱学森同志学习"。他做人、做事、做学问的行为世范，是解答钱学森之问的一把钥匙，是当今社会能否涌现出更多"钱学森"的关键所在，也是创新驱动发展战略能否落到实处的道路所在。

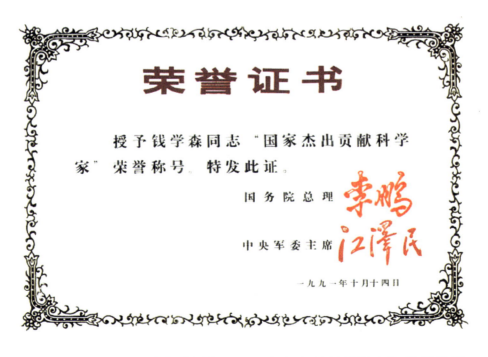

图 5-8 1991 年，钱学森被授予"国家杰出贡献科学家"荣誉称号

一、砥砺坚如磐石的爱国信念

人无信仰没有精神，人无信念没有力量。信仰和信念好比人身体上的钙，如果缺"钙"就会得"软骨病"，就会站不稳、立不住、走不动。钱学森把报效祖国、服务人民作为始终不渝的信仰和信念，并对此保持高度的信心。这使他迸发出十分顽强的意志力，无论面对何种困难、何种压力，都能够咬定目标、咬紧牙关，排除万难去赢得胜利。

高尚的民族自尊心、民族自信心和民族气节，是钱学森一生最为显著的精神标识。在回国途中，钱学森对美国记者说出了自己的心声："今后我将竭尽努力，和中国人民一道建设自己的国家，使我的同胞能够过上有尊严的幸福生活。"1991年，在国家最高领导亲自授予钱学森"国家杰出贡献科学家"荣誉证书的会议上，他动情地说："刚才各位领导讲钱学森如何如何，那都是千千万万人劳动的成果。我本人只是沧海一粟，渺小得很。真正伟大的是中国人民，是中国共产党，是中华人民共和国。"钱学森自己说过，他一生有过三次刻骨铭心的激动：第一次是1955年，钱学森把自己刚出版的著作《工程控制论》交到老师冯·卡门手里，冯·卡门说，"你现在在学术上已经超过了我"，钱学森感到自己为中国人争了一口气；第二次是钱学森被批准成为了中国共产党党员，激动得无法入眠；第三次是钱学森得知中央组织部决定把雷锋、焦裕禄、王进喜、史来贺、钱学森作为新中国成立以来在群众中享有崇高威望的共产党员优秀代表。这三次激动，表达了他对党、对祖国、对人民的无限热爱。正如江泽民同志对钱学森所作的评价："当年钱老冲破重重困难，远涉重洋回归祖国，充分体现了高度的爱国主义精神。现在有些人总觉得外国什么都比中国好，这是妄自菲薄。我们学习钱学森同志，不光要在学术方面，更重要的是在政治品质方面。"

　　坚定不移的爱国信念，使钱学森具有了常人不具备的铮铮铁骨、耿耿忠魂，使他面对强权迫害毫不屈服、面临人生绝境坚定信念。20 世纪 50 年代中期，钱学森在美国工作期间，参与了大量美军的秘密计划，并作出了重要贡献。后来，"麦卡锡"主义盛行，掀起了清除共产党和左翼人士的运动。钱学森仅仅因为十几年前有一位同事是共产党员，就遭到美国联邦调查局的盘查，他所在的加州理工学院也收到了禁止他参与任何军方机密计划的公函。面对无端怀疑、无礼歧视，钱学森给予了针锋相对地辩驳，也坚决拒绝揭发无辜的同事，并愤然决定从此不再为美国工作，回到自己的祖国。时任美国海军部副部长的金贝尔认为钱学森是全美国最优秀的火箭专家之一，在得悉钱学森回国的心志后，立即打电话告知美国司法部："他知道所有美国导弹工程的核心机密，一个钱学森抵得上五个海军陆战师。我宁可把这个家伙枪毙了，也不能放他回红色中国去。"美国海关以涉及国家机密为由，非法扣留了钱学森托运回国的全部行李。非法软禁、毫无人道的折磨和迫害接踵而至，令钱学森在短短的 14 天内体重减轻了 13.5 公斤，甚至短暂性失语，无法说话。面对一次又一次的调查，一次又一次的听证会，钱学森从未屈服。在被软禁期间，钱学森以惊人的毅力和超然的心态，把全部精力放到物理力学、工程控制论两个艰深领域的研究中，创下了连续四个月每月完成一篇论文的纪录，取得了这一领域具有开创性作用的成就。负责审讯他的检察官审问他："你认为应该为谁效忠？"钱学森答："我是中国人，当然忠于中国人民！"美国人的迫害和拘禁都没能动摇钱学森回国的意志，最后，美国总统艾森豪威尔只好同意放行。在被迫害的五年期间，他从来没有为了所谓的"自由"放弃做人的尊严，从来没有动摇"铁了心回国"的决心，展现了不畏强权、敢于斗争的铮铮铁骨。

二、淬炼卓尔不群的学术品质

钱学森的一生，从"书桌前"到"主战场"再回到"书桌前"，实现了"做人、做事、做学问"的统一，树立了"立德、立言、立功"的三座丰碑，其中不可或缺的，是他务求真理、脚踏实地、不畏艰难、发扬民主、大公无私的科学精神。

面对理论高峰勇于求索、面对卷帙浩繁勤于求知。在加州理工学院的课堂里，钱学森除了上课，还自己进行了一系列关于航空学的研究。在加州理工学院的第一学年，他收集了可能找到的全世界所有与航空学有关的研究资料，系统性地加以阅读。他每天花在读文献上的时间平均超过 10 小时。在第一学期，他几乎很少与其他学生打交道，因此被当成校园里的一个神秘人物。但是在课堂上，钱学森总是能切中要害地问出最关键的复杂问题，尽管旁人听得一头雾水，授课的老师却非常满意。钱学森的博闻强记、聪颖好学不仅给学生们留下深刻印象，连教授们也略有所闻。在一个又一个通宵无眠的漫漫长夜里，钱学森借助纸、笔和计算尺（现代电子计算机发明之前的计算工具），绞尽脑汁地解决那些冯·卡门灵光一闪提出的难题。经过三年潜心研究，钱学森完成了《高速气体动力学问题的研究》等四篇论文，荣获航空、数学博士学位。曾用于袭击伦敦的德国 V1\V2 火箭，竟然也应用了钱学森的理论。二战结束时，据被俘德国导弹研制负责人赫尔曼交代，其飞弹设计的关键技术，正是由于应用了钱学森两年前发表的论文《超声速气流中锥形体的压力分布》才得以成功。

与导师合作成器重助手，同导师争论敢坚持真理。钱学森在加州理工学院时，拜在当时世界级的空气动力学大师——冯·卡门的门下，成就了一段师生密切配合、相得益彰的佳话。冯·卡门拥有天才的物理洞察力，钱学森却以坚忍不拔和在应用数学方面的天赋而见长。有时冯·卡门突发奇想，在黑板上迅速写出一道方程式，然后扬长而去。一星期后，钱学森会一声不响地把整套棘手的演算做完，然后对同事们说："冯·卡门的想法是对的！我算的结果就是这样。"在冯·卡门的自传中，钱学森是唯一一个让他专门辟出一章来写的学生。冯·卡门这样写道："钱学森与我一道研究了很多数学难题。我发现他想象力非常丰富，不仅有出众的数学天分，还擅长准确而形象地描述自然现象的物理性质。虽然不过是一个年轻学生，但在解决一些艰深的问题时，他却帮助我理清了不少思路。这种天赋甚是罕见。钱学森和我成为了密切的工作伙伴。"钱学森的一位好友如此评价这对师生之间的心神之交：钱学森是冯·卡门的左膀右臂。他为冯·卡门执行各种各样的计划，将他的理念迅速付诸实践。钱学森夜以继日地工作，总是能又快又好地把手稿或验算结果拿出来。他成为了冯·卡门不可或缺的亲密助手，这样既具有执行力，又富于创造性的人才真是千载难逢。钱学森后来回忆说："在这里，拔尖人才很多，我得和他们竞赛，才能跑到前沿。这里的创新不能局限于迈小步，那样很快就会被别人超过。你所想的、做的要比别人高出一大截才行。你必须想别人没有想到的东西，说别人没有说过的话。"在一次美国航空学会的年会上，钱学森讲完自己的论文，就有一位长者提出意见。他便说明自己的不同观点，与那位长者争辩。事后冯·卡门笑着问钱学森："你知道你是在跟谁辩论？那是大权威冯·米塞斯，但是你说的意见是对的。"钱学森和冯·卡门有过一次学术上激烈的争论，话语激烈而尖锐，让老师十分生气。冯·卡门甚至大发脾气，把东西也摔到了地上。但第二天，冯·卡门突然来到钱学森面前，歉意地对钱学森说："昨天下午，你是正确的，我是错误的。"这不仅让他看到了一位大师的风范，也对他后来发扬学术民主之风产生了深刻影响。正是钱学森尊崇权威但不迷信权威的创新精神，才造就了他人生中的无数个第一和跨越。

面对众人赞誉虚怀若谷，提携后辈成长诲人不倦。许多报道和回忆文章都评价钱学森是个平易近人、十分易于相处的人。其实起初他待人接物的态度并不像后来这样。钱学森刚从美国回来的时候，总有一股"外国作风"，说话直来直去，不懂委婉、不讲情面。中国科学院院士戴汝为1955年毕业后被分配到中科院力学所，成为钱学森的学生。一次在图书馆碰到正在看书的钱学森，便请教应该看些什么参考书。钱学森说："做科研的人应当独立思考解决这种问题，用不着问我。"后来戴汝为试着表达自己的学术见解，钱学森当面批评："听不懂你的话，你的表达没有条理性。"有一次甚至说，"你简直是胡说八道！"很多年过去，戴汝为还记得被钱学森"刺"的那种脸红的感觉。钱学森的第一位秘书曾委婉地提醒他："树有皮，人有脸。"钱学森很受触动，从此再也没有那样对待过别人，并多次提到这六个字对他帮助很大。在归国后的几十年中，钱学森不仅自己刻苦攻关，还甘为人梯，奖掖后人。他心甘情愿地把荣誉和奖励让给中青年科技工作者。他挺直腰背，让年轻人踏着自己的肩头向高峰攀援。20 世纪 80 年代初，钱学森与宋健主编的《工程控制论》成为获奖图书。然而，在全国优秀科技图书发奖大会上，却不见钱学森的身影，只有宋健来领奖。宋健在接受采访时深情地说："钱学森把荣誉和奖励让给了我们这些中青年，他总是希望更多的年轻人走上领奖台。"钱学森曾收到友人赠与的"咏竹"的条幅，上写："未出土时先有节，待到凌云更虚心"。他很欣赏这两句话，表示要把它作为座右铭。那位朋友却说："我送给你的不是座右铭，而是你一生的写照。"

谋划事业善聚各方智慧，获得赞誉不忘众人功劳。钱学森把他在美国加州理工学院学到的民主学术学风带到了国内。自 1960 年到 1969 年，除非有特殊任务，钱学森几乎每周一次坚持在他家里召开技术专家讨论会。钱学森说："我的办法就是依靠集体，有什么问题大家提出来，共同研究解决，不同意见尽管发表。但一定的是都要执行，执行中发现什么差错要尽快改正，我们中国的导弹就是这么干出来的。"他待人谦和，不独断专行，也不以势压人，大家在他家里无拘无束畅所欲言，思想的火花在碰撞中闪光，敞开的心扉在交流中融合。如果意见一致，他就拍板定案。如果意见上有分歧，他就暂不决定，留做下次再讨论。很多发展规划和技术途径，就在这个小小的客厅里产生了初稿，很多重大技术问题，就在这个春风化雨的和谐气氛里迎刃而解。他的战友们把这类星期日讨论会亲切的称为"神仙会"。钱学森十分反对树立他个人，谦逊地认为那些举世瞩目的成就，决不是单个人所能取得的，他所干的，不过是千分之一，万分之一而已。1991 年，他在"钱学森学术思想讨论会"上说："我不是讲客套话，搞科技工作的都清楚，没有单独一个人可以干出开天辟地的事，都是大家互相启发，才能有新概念和新进步。当然，这里面的功劳也有我钱学森一份。要说系统工程学的成就，是我和大家共同创建的。"钱学森汇众智、聚众力的科学态度，居功不自傲的高尚品质，为我们树立了光辉榜样。

三、保持淡泊名利的崇高风范

钱学森对人平和、对名平静、对利平淡，始终保持了平和之状、平静之态、平淡之心，能够对身外之物"看得透、想得通、放得下、忘得了"。正如钱学森自己说的那样："我不稀罕那些国外的荣誉头衔。如果将来我死了以后，中国人民说我钱学森还为党、为国家、为人民办了点事的话，那才是最高的奖赏。"

始终保持平和之心，不恋位置。1957 年，钱学森被任命为国防部第五研究院院长。但为了集中精力思考解决重大技术问题，钱学森在担任院长三年之后主动提出辞职。后来，周恩来总理又代表国务院任命钱学森为该研究院副院长。从此，从国防部五院副院长到七机部副部长，再到国防科委副主任等，钱学森长期担任副职，真正做到了把主要精力放在我国国防科技发展的重大技术问题上。1984 年年初，中国科协有关会议推荐钱学森为下届主席候选人，但钱学森本人坚决不同意，他甚至在会上和别人争得面红耳赤，绝不退让。1984 年年底，中国科协召开二届五次全国委员会会议，当钱学森看到送他征求意见的会议闭幕词的时候，他说："这个稿子我没意见，但我建议最后加一段话，说明我钱学森不适合担任下届科协主席。你们要是同意加上，这个稿子我念。你们要是不同意，那我就不念，你们另请高明。" 1986 年，钱学森当选科协主席，是在方毅、杨尚昆、邓颖超等人出面找他的情况下，才勉强干了一届。正如钱学森自己所说："我是一名科技人员，不是什么大官，那些官的待遇，我一样也不想要。"在钱学森的书信中，有许多请辞各种职务和拒不担任一些职务的信，如主动要求辞去国防科委副主任，坚决要求辞去国防科工委副主任，辞去国务院学位委员会委员、国家发明奖评审委员会委员、各种学术顾问、名誉会长、荣誉教授等。就连他亲手创建的中国力学学会要选他连任名誉理事长，他也写信拒绝，并提出"要打破学术地位终身制"。

始终保持平静之气，不图名利。对于别人称自己为"导弹之父"，钱学森说："称我为导弹之父是不科学的。因为导弹卫星工作是'大科学'，是千百人大力协同才搞出来，只算科技负责人就有几百，哪有什么'之父'……所以'导弹之

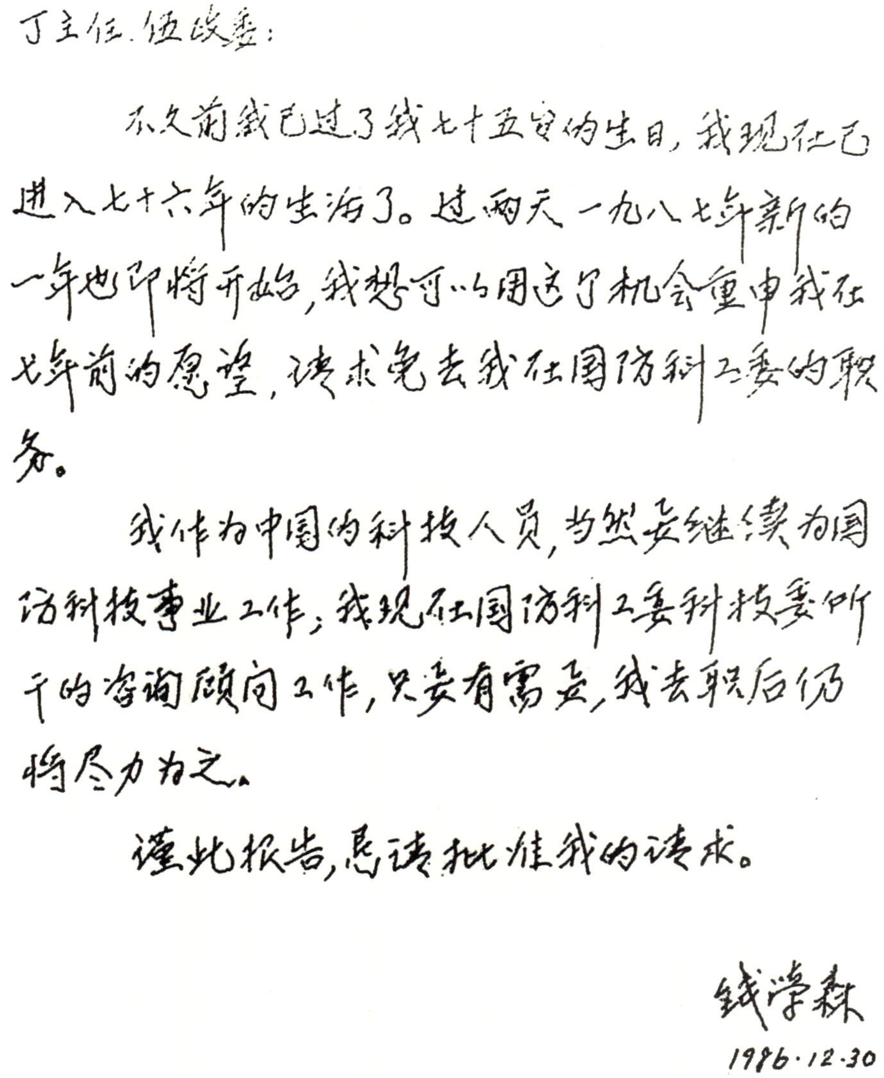

丁主任，伍政委：

　　不久前我已过了我七十五岁的生日，我现在已进入七十六年的生活了。过两天一九八七年新的一年也即将开始，我想可以用这个机会重申我在七年前的愿望，请求免去我在国防科工委的职务。

　　我作为中国的科技人员，当然要继续为国防科技事业工作；我现在国防科工委科技委所干的咨询顾问工作，只要有需要，我去职后仍将尽力为之。

　　谨此报告，恳请批准我的请求。

钱学森
1986·12·30

　　图5-9　1986年12月30日，钱学森写给国防科工委领导的报告，报告请求辞去国防科工委科技委副主任一职

父'是不科学的，不能用。"他特别不喜欢对自己进行宣传，尤其是拍电影电视、出版个人传记，他生前一律禁止。他对人说："我还没有死，不宜登这类回忆性文字。所以我劝您把文稿收起来，存档，不发表。"钱学森对自己所完成工作的态度是："一切成就归于党，归于集体，我个人只是恰逢其时，做了自己应该做的工作。"宋平同志曾经评价说："钱老这样说绝不是故作谦虚，而是一个历史唯物主义者发自内心的真实思想。"在物质待遇上，钱学森一辈子没有像组织提过任何要求，反而不止一次向组织主动要求降低待遇。他刚回国时，主动要求把组织配给他的一名高级厨师换成一名战士当炊事员；他从 20 世纪 60 年代搬进航天大院后就再也没有换过住房。他当上全国政协副主席后，组织上曾不止一次想给他按标准盖一座小楼，他说："我现在的住房条件比和我同船归国的那些人都好，这已经脱离群众了，我常为此感到不安，我不能脱离一般科技人员太远。"钱学森把一些世人追求的名誉、地位、物质利益看得比一杯清水还淡。

始终保持平淡之态，恪守"七不"。钱学森晚年更加甘于平淡，提出并恪守"七不"的处世原则：不题词、不写序、不参加任何科技成果评审会和鉴定会、不出席"应景"活动、不兼任荣誉性职务、不去外地开会、不出国访问，尤其不去美国访问。对于别人请他写"序"的要求，他坚定地说："我是不写什么'序'、'前言'等文字的，也不会题词、写书名。

从来不干，这次也不例外"。这些原则在他去世后，展示在了由中央批准建立的"钱学森图书馆"的展板上。曾有中央领导在这块展板前驻足良久，发出感慨："一个人要做到这几点还真不太容易啊！"从钱学森的诸多"不"中，我们看到了钱学森不为名利所累的道德境界，正因为如此，他才能在"两弹一星"事业上作出彪炳史册的历史功绩。

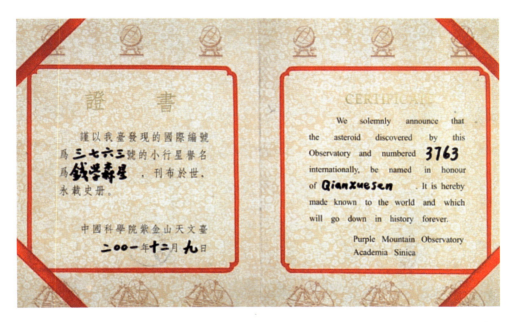

图5-10　2001年，经国际小行星中心和国际小行星命名委员会审议批准，将中国科学院紫金山天文台发现的国际编号为3763号的小行星，正式命名为"钱学森星"

实现中华民族伟大复兴的中国梦，必须要走中国道路，必须弘扬中国精神，必须凝聚中国力量。这种精神和力量，正是以爱国主义为核心的民族精神、以改革创新为核心的时代精神。我们要学习钱学森爱国奉献追求卓越的精神，研究钱学森思想智慧胸无俗尘的气节，践行钱学森严谨求实勤奋创新的学风。有了这种"精气神"，才能让"钱学森"不断涌现，真正铸就中华民族伟大复兴时代的人才高峰，为实现"两个一百年"奋斗目标提供源源不竭的强大动力。

结束语

时代造就伟大的人物，伟大的人物又引领时代。回顾风起云涌的百年变局，我们深深地感到，再没有什么使命，比引领民族走向复兴更能彪炳史册；再没有什么功勋，比推动国家走向强盛更能光耀千秋；再没有什么事业，比开启文明进步之先更能流传万代。一代宗师钱学森，秉承这三大使命，立时代之潮头、发思想之先声、建千秋之功业、垂中外之史册，达到了当代中国任何一个科学家都难以逾越的高度，为中华民族屹立于世界民族之林，立下了不可磨灭的功勋，为推动人类文明进步，作出了不可磨灭的贡献。

这是世界的钱学森。他以超前时代的探索，在人类科技史上，书写了革命性的创举。他在美国期间，就始终将个人理想与祖国命运相结合，开展了大量站在时代前沿的科学实践。他第一个促进了火箭喷气推进技术在航空领域应用，为世界反法西斯战争胜利作出了贡献。1941 年，他与加州理工学院的同事一道，成功研制了火箭助推重型轰炸机起飞的装置，缩短了飞机的起飞距离，使重型轰炸机能够在航空母舰上使用，大大提高了美国空军的战斗力，也间接加快了战争胜利的进程。他第一个为美国空军未来 50 年发展勾画了蓝图，从根本上影响了未来战争的形态。1945 年，钱学森作为主要执笔人，为美军撰写了《迈向新高度》报告。这一报告勾画了美国火箭、导弹和飞机长远发展计划的蓝图，被誉为奠定美国航空领域领先地位的基础理论之作。美国军方亲自致信钱学森，对他的杰出贡献给予充分肯定与赞扬。他第一个提出"火箭客机"的概念，为世界首个航天飞机的诞生奠定了理论基础。1949 年，钱学森作了题为《火箭作为高速运载工具的前景》报告，这一构想就是 40 年后美国航天飞机的雏形。这在当时的美国产生了空前轰动的效应，他本人被《时代周刊》《纽约时报》等广泛报道，成为了全美皆知的明星。他第一个提出"物理力学"，并完成了大量开创性的工作。这门全新科学，对于量子力学、应用力学、原子力学发展起到了无可估量的促进作用。他第一个提出"工程控制论"，创造性地将控制论、运筹学、信息论结合起来，为系统工程的诞生奠定了基础。在 1960 年召开的国际自动控制联合会代表大会上，与会代表齐声朗诵

《工程控制论》序言中的名句，以表达对钱学森的敬意。

这是中国的钱学森。他以超乎寻常的胆略，在祖国航天史上，推动了决定性的飞跃。20 世纪 50 年代，钱学森历尽艰辛，排除万难，回到祖国怀抱，这是他人生中又一次重大抉择。在归国路上，他满怀深情地说："我将竭尽努力，和中国人民一道建设自己的国家，使我们同胞能过上有尊严的幸福生活。"面对党的嘱托和人民的期盼，他毅然肩负起了中国航天的领导者、规划者、实施者的多重使命。他推动了中国导弹从无到有、从弱到强的关键飞跃，把导弹核武器发展至少向前推进了 20 年，让一个缺"钙"的民族挺直了脊梁，赢得了前所未有的大国地位。1960 年至 1964 年，他指导设计了我国第一枚成功发射的液体探空火箭，组织了我国第一枚近程地地导弹发射试验，组织了我国第一枚改进后中近程地地导弹飞行试验。1966 年，他作为技术总负责，组织实施了我国第一次"两弹结合"试验。1980 年到 1984 年，他参与组织领导了我国洲际导弹第一次全程飞行、第一次潜艇水下发射导弹，实现我国国防尖端技术前所未有的重大新突破。他推动了中国航天从导弹武器时代进入宇航时代的关键飞跃，让茫茫太空有了中国人的声音。1970 年 4 月，他牵头组织实施了我国第一颗人造地球卫星发射任务，打开了中国人的宇航时代，开启了中国人开发太空、利用太空的伟大征程。他最早推动了中国载人航天的研究与探索，为后来的成功作了至关重要的理论准备和技术奠基。1970年，中央批准了"714工程"，钱学森作为工程的技术负责人，一手抓"曙光号"载人飞船的设计和运载火箭研制，一手抓宇宙医学工程和航天员选拔培训。尽管由于各种原因，"714工程"后来终止了，但在他主导下保留的航天员训练中心，为后来载人航天接续发展、快速成功，起到了不可替代的关键作用。

这是未来的钱学森。他以超越时空的哲思，在人类文明史上，留下了开创性的贡献。"作为伟大的科学家，钱学森属于20世纪；作为伟大的思想家，钱学森属于21世纪"。他开创了系统工程中国学派，推动了人类认识客观世界的重大飞跃。他在长期指导航天和国防事业发展中，开创了一套既有中国特色，又有普遍科学意义的系统工程管理方法与技术。在此基础上，他开启了创建系统学的探索，从早年的《工程控制论》，到1978年《组织管理的技术——系统工程》一文发表，再到开放的复杂巨系统理论的提出，钱学森建立了系统科学的完备体系，以社会系统为应用研究的主要对象，取得了经世致用的一系列重大成果。有人评价，系统科学的发展，是一次科学革命，其重要性绝不亚于相对论或量子力学。钱学森数十年前的真知灼见，在新的时期，仍旧熠熠生辉，焕发出强大的生命力。

"天地英雄气，千秋尚凛然"。钱学森的遗产，不仅是光耀千秋的事业丰碑，更是浇筑这一丰碑的伟大精神，是与共和国融为一体、永世长存的"国魂"。钱学森的一生，以其高瞻远瞩的战略远见、勇于开拓的非凡魄力、一往无前的英雄气概，在祖国和人类需要的关键时刻，一次又一次发挥了别人无法替代的关键作用。这是钱学森不断开创历史高度的力量所在，也是钱学森精神的根本与核心所在。"横空大气排山去，砥柱人间是此峰"。这种精神，虽百折而不挠；这种力量，最持久而深沉。

中国航天第十二研究院是钱学森系统工程思想的重要传承者，是"钱学森智库"的第一践行者，肩负着中央赋予的"建设钱学森智库，支撑航天服务国家，成为军民融合产业抓总单位"三大使命。近年来，十二院开展了"口述钱学森工程"和"群星灿烂工程"等中央专项，为挖掘钱学森的思想、传承钱学森的精神，开展了大量卓有成效的工作。《国魂——

助中国傲立世界的钱学森》便是其中一项重要成果。《国魂——助中国傲立世界的钱学森》以钱学森一生的发展轨迹、重大事件为主线，以钱学森精神的核心——在祖国最需要的关键时刻，发挥了别人无法替代的关键作用——为灵魂，围绕"凌云壮志""华夏情怀""国之重器""学术丰碑""风范永存"五个方面，力图全方位展现钱学森作为一代宗师的丰功伟绩，并落脚于"思想先驱、科技泰斗、育人导师、做人楷模"的大师风范。相信此书的出版，定会润物无声，将钱学森的精神，化为人们的价值追求和自觉行动，为中国梦提供强大的文化凝聚力和精神推动力。

一代宗师光芒闪耀、浩气长存，书写着赶超跨越的历史，照亮了迈向未来的征程。把钱学森的思想和精神，写在中国大地，融入每个人的心底，我们就一定能在"两个一百年"的接力赛中跑好属于我们的这一棒，无愧今天的使命担当，不负明天的伟大梦想，为建立一个更加幸福而有尊严的国度，发挥出别人无法替代的关键作用，为实现中华民族的伟大复兴作出新的贡献！

跋

作为一代宗师，钱学森功勋卓著、载誉无数。他的思想历久弥新，仍深刻影响着当今社会的发展；他的理念高瞻远瞩，既具有前瞻性，又富有战略意义；他的精神永垂，将会一代又一代地传承下去，树立一座座丰碑，影响和造就更多的民族脊梁，凝聚不朽的国魂。

值"中国航天日"设立一周年，中国航天系统科学与工程研究院成立一周年，我们出版《国魂——助中国傲立世界的钱学森》一书，试图从多维度、多视角展现钱学森一生的伟大历程，还原一个真实的钱学森：思想的先驱、科技的泰斗、育人的导师、做人的楷模。了解他勇于担当、敢于担责的崇高品格；学习他胸怀全局、善谋大事的战略远见；传承他开拓创新、变革求新的赶超精神。让越来越多的人感受他伟大精神之光耀。

越是学习钱学森、了解钱学森、走进钱学森，就越是感慨国家要富强，人民要幸福，就需要始终站在时代进步的前列，把握世界科技发展的大势，坚定不移地走中国特色自主创新道路，敢于超越、敢于颠覆、敢于创造，掌握唯我独有、唯我独强的杀手锏，在新一轮世界格局中赢得发展主动权。

本书由中国航天系统科学与工程研究院薛惠锋院长总体策划，中国航天系统科学与工程研究院钱学森决策顾问委员会主任委员、上海钱学森图书馆钱永刚馆长、中央人民广播电台额尔德其木格老师，以及钱学森与中国航天课题组专家等给予了悉心指导。中国航天系统科学与工程研究院、中国航天系统工程实验室、西北工业大学、西安理工大学等单位的李琳斐、康熙瞳、王海宁、张南、徐源、邢钊、马志国、马雪梅、田涛、王晗、薛昱、杨德伟、张峰、曹宇、唐铭、罗婷、张志浩、职璐爽、冯敏、李晴、程臻等参与了编写与校对工作；北京光影之城影视传媒有限公司的编辑对书稿提出了修改建议。撰稿过程中还受

到来自航天系统内外各领域专家、学者的指导和
鼓励。在此，谨向所有参与和支持本书编写和出
版的各单位、部门和个人致以最诚挚的谢意！本
书如有未尽之处，敬请谅解。

责任编辑:余　平
封面题字:贺秉发
封面设计:肖　辉
版式设计:王欢欢
责任校对:白　玥

图书在版编目(CIP)数据

国魂:助中国傲立世界的钱学森/中国航天系统科学与工程研究院,上海
　交通大学钱学森图书馆　著. —北京:人民出版社,2017.4(2018.3 重印)
ISBN 978 - 7 - 01 - 017590 - 4

Ⅰ.①国…　Ⅱ.①中…②上…　Ⅲ.①钱学森(1911—2009)-传记
　　Ⅳ.①K826.16

中国版本图书馆 CIP 数据核字(2017)第 061264 号

国　魂
GUOHUN
——助中国傲立世界的钱学森
中国航天系统科学与工程研究院　上海交通大学钱学森图书馆　著

人民出版社 出版发行
(100706　北京市东城区隆福寺街 99 号)

北京盛通印刷股份有限公司印刷　新华书店经销

2017 年 4 月第 1 版　2018 年 3 月北京第 2 次印刷
开本:787 毫米×1092 毫米 1/16　印张:20.5
字数:195 千字

ISBN 978 - 7 - 01 - 017590 - 4　定价:82.00 元

邮购地址 100706　北京市东城区隆福寺街 99 号
人民东方图书销售中心　电话 (010)65250042　65289539